Fanny Lewald
Über Emazipation

Christoph Lanzendörfer

AF210885

© 2024 Dr. Christoph Lanzendörfer

Verlag: BoD · Books on Demand GmbH, In de Tarpen 42, 22848 Norderstedt

Druck: Libri Plureos GmbH, Friedensallee 273, 22763 Hamburg

ISBN: 978-3-7693-2255-2
Printed in Germany

Fanny Lewald

Über Emanzipation

Ein Essay

Christoph Lanzendörfer

Veränderungen

1811, als Fanny Marcus in Königsberg geboren wurde, gab es in West- und Ostpreußen keine einzige ausgebaute *Chaussee*, eine Kutschfahrt von Königsberg nach Berlin dauerte über drei Tage[1]. Und was heute überhaupt nicht vorstellbar ist: Jeder Ort in Deutschland hatte seine eigene Ortszeit, eine allgemein verbindliche Zeitangabe gab es nicht. Noch lange vor ihrem Tod 1889 in Dresden hätte Fanny Lewald-Stahr ihre Näharbeiten auf einer *Singer* Nähmaschine erledigen, abends einen *Underberg* oder bei Müdigkeit eine *Coca-Cola* trinken können. Es hatte sich enorm viel getan in dieser Zeit: Von der Weltabgeschiedenheit vieler Landstriche mit der Notwendigkeit der Eigenversorgung zu überall erhältlichen Markenprodukten – und mit der „Weltzeitkonferenz" vom 13.10.1884 gab es eine verbindliche Zeit. Vielleicht war das Tempo der Veränderungen sogar vergleichsweise höher als es uns Heutigen anmutet. Sehr viele von uns werden noch *Telefonzellen* kennen

---

[1] Den zweiten Band ihrer Erinnerungen („Meine Lebensgeschichte" II, S. 3) beginnt Fanny Lewald: „Im Jahr achtzehnhundert zweiunddreißig war das Reisen noch nicht so leicht als in unseren Tagen, und doch sah man es schon als einen ungemeinen Fortschritt an, daß man den Weg von Königsberg nach Berlin, der auf der Chaussee etwa achtzig Meilen lang war, in zweiundsiebzig Stunden zurücklegen konnte." Und die Veränderung 1881 („Vater und Sohn", S. 149): über einen Reisenden: „Der Zug flog pfeilschnell auf den Schienen vorwärts, er kam mit seinen Gedanken nicht vom Fleck."

oder die pünktlichste Pflicht, sich genau um 20.15 Uhr vor dem Fernseher zu versammeln, wenn es ein *Familienprogramm* gab. Möglicherweise wissen einige auch noch um die Spannung, sich eine Zugfahrkarte für eine längere Reise vorher an einem *Schalter* bestellen zu müssen. Die Veränderungen zum Händi, zu Netflix und Online-Buchungen gingen wirklich flott, so flott, dass manche Dienstleistungen gar nicht mehr angeboten werden (Wer hilft einer achtzigjährigen Rentnerin bei der Installation eines Telefons oder der ausschließlichen Vorlage ihrer *BahnCard* auf einem Smartphone?).

Dennoch könnten die wirklichen Sprünge im 19. Jahrhundert geleistet worden sein: Von der völligen Unerreichbarkeit eines Dorfes in Ostpreußen, der Bildungslosigkeit gerade auf dem Lande, der gerade in Preußen noch Lehensherrschaft ähnlichen Machtfülle des Adels, der unbedingt zu gehorchenden Autorität des Vaters über Reisen mit der Eisenbahn, Einführung von Pflichtschulen für alle, soziale Sicherungen bis zur Vertretung der Menschen in Parlamenten und (zumindest außerhalb Preußens) von diesen Parlamenten kontrollierten Regierungen und auch der familiären Emanzipation: alles in einer Lebensspanne.

Die Vornamens-Cousine von Fanny Lewald, Fanny Mendelssohn (ihrerseits benannt nach der Saloniere Fanny von Arnstein), musste auf Anordnung des Vaters Abraham Mendelssohn ihr großes musikalisches Talent als „Zier für zu Hause" zurückhalten, während ihr gar nicht einmal stärker talentierter Bruder Felix sich ausleben durfte.

Erfahrungen mit Ungerechtigkeit dieser Art führten dazu, dass sich Fanny Lewald mit *Frauenemanzipation* beschäftigte und öffentlich für sie eintrat. Unterstützend wirkte dabei die Stimmung im Lande, die nach den beiden die Welt verändernden Revolutionen (amerikanische Unabhängigkeit und französische Revolution) einen Schrei nach Freiheit und Partizipation ausdrückte. Im Prinzip dauerte diese Revolution bis in den Anfang der 1850er Jahre, als ein massiver Druck der Reformgegner zu einem Jahrzehnte andauernden Verschütten der Freiheitsbewegungen führte. Zur Zeit der Sozialisation von Fanny Lewald waren diese Gedanken aber noch virulent. Als Jüdin hatte Fanny Lewald noch einen weiteren Kampf um Emanzipation zu erstreiten: Den um *bürgerliche Emanzipation*.

Das 19. Jahrhundert

Das 19. Jahrhundert wird allgemein als das „lange" bezeichnet. Wenn wir nicht Jahreszahlen, sondern Zusammenhänge berücksichtigen, ist es legitim, das 19. Jahrhundert von 1789 bis 1918 zu beschreiben.

Natürlich hatte auch die französische Revolution ihren Vorlauf. Man traf sich nicht zufällig am 14. Juli auf dem Markt und beschloss spontan, „ach, lasst uns heute mal die Bastille stürmen, ist gerade das passende Wetter", zumal dann nicht schon kurze Zeit später am 26. August die Erklärung der Menschenrechte erfolgen hätte können. Dieses Datum markiert aber *die Zäsur einer Tat*, ab hier änderte sich enorm viel. Die Grundgedanken der französischen Revolution *Liberté Egalité Fraternité* waren exakte Kontrapunkte des herrschenden Denkens, das von einer obrigkeitsstaatlichen, aus Gottesgnadentum geschöpften Herrschaft ausging. Waren diese Gedanken auf einmal in der Welt, so ließen sie sich nicht mehr unterdrücken. Und so begann mit den beiden Revolutionen die bisherige Welt zu schwanken: Die staatliche Freiheit im Rahmen von sich selbst verwaltenden Bundesstaaten einerseits (die sich formierenden USA) und die individuelle Freiheit andererseits waren Sehnsuchtsziel vieler.

Die Geschichte des 19. Jahrhunderts durchziehen diese Gedanken. Allen Büchern über diese Zeit wohnt ein entsprechender Gedanke inne: Ablehnung oder bejahende Schilderung. Nicht in jedem Satz habe ich weiter unten eine Quelle angegeben, das würde die Lesbarkeit eines Textes dieser Art arg erschweren.

Deswegen vorab eine kurze Zusammenfassung der für mich wichtigsten und hier benutzten Bücher:

Heinrich von Treitschke (1834 – 1896) war ein nationalistischer, antisemitischer Historiker, der nach mehreren Universitätswechseln 1873 als Nachfolger von Leopold Ranke auf dessen Lehrstuhl an der Friedrich-Wilhelms-Universität Berlin berufen wurde und ab 1886 Hofhistoriker Preußens wurde. Ein anderer prominenter Historiker, Gustav Droysen, wandte sich gegen Treitschkes Ernennung. Treitschke sah in der preußischen Führung Deutschlands die Geschichte erfüllt, so ist auch sein fünfbändiges Buch aufgebaut. 1879 eröffnete er durch seine Aussage „Die Juden sind unser Unglück" den *Berliner Antisemitismusstreit* (vergl. Langer). Seine „Geschichte des 19. Jahrhunderts" (1918) wurde auch nach seinem Tod noch häufig aufgelegt.

Franz Schnabel (1887 – 1966) war einer der wenigen Historiker, die ihren Lehrauftrag während des Faschismus verloren. Die Veröffentlichung seines auf vier Bände angelegten Werks wurde dadurch nach Erscheinen des ersten Bandes (1934) verzögert, 1964 aber dennoch komplett möglich gemacht. Schnabel sah im Katholizismus das Ziel der deutschen Geschichte. Er benennt als „die drei Grundelemente des heutigen Europas" (in dieser Reihenfolge:) „Antike - Christentum - Germanentum" (I, S. 19) und konzediert die „folgenreiche Leistung der Kirchenväter", das „Kulturgut der Antike geprüft und an die Lehren des Evangeliums angeglichen" zu haben (I, S. 20).

Beide großangelegte Werke sind in Zielsetzungen und insbesondere Sprache für heutige Bedürfnisse nicht unbedingt aktuelle Basislektüre.

Die von der Anlage als auch vom Sprachduktus her moderneren Bücher platzieren zumeist ein Thema in den Mittelpunkt. *Heinrich August Winkler* (2020) stellt ausnehmend genau die politischen Entwicklungen dar, während *Hans Ulrich Wehler* (2008) eine Geschichte der Gesellschaft schrieb. *Eric Hobsbawm* (2022) und *Thomas Nipperdey* (2013) beschäftigen sich intensiv mit sozialen und wissenschaftlichen Entwicklungen. *Jürgen Osterhammel* (2009) schrieb eine imposante Darstellung der gesamten Welt in ihren Bezügen der einzelnen Nationalitäten untereinander. Dieses Buch eignet sich nicht als Lektüre während eines Fluges, denn es ist so umfangreich und schwer, dass damit gewichtsmäßig schon fast das Bordgepäck erschöpft ist. Hingewiesen sei noch auf die beiden Bücher von *Christopher Clark* (2013) und *Brendan Simms* (2014), in denen jeweils die Entwicklungen und Verstrickungen der deutschen Politik dargestellt werden, die letztlich zu zwei Weltkriegen führten.

Insgesamt ist das lange 19. Jahrhundert in äußerst unterschiedlicher Sicht sehr umfangreich dargestellt worden, offene Fragen können aus heutiger Sicht erschöpfend beantwortet werden: Nur die hier erwähnten Bücher befriedigen mit ihren zusammen über 18.000 Seiten etliches an Leselust.

Zum Ende des 18. Jahrhunderts waren die Staatsfinanzen Frankreichs desolat, der Staat lag finanziell am Boden. Eine der Ursachen war die Beteiligung am amerikanischen Unabhängigkeitskrieg, letztlich um den Konkurrenten England um seine amerikanischen Kolonien zu bringen. Das hat bekanntlich recht gut geklappt, aber um den Preis des eigenen Ruins. Die Kosten waren dermaßen erheblich, dass neue Steuern erforderlich wurden. Wie üblich waren Adel und Klerus steuerbefreit, so dass die schon gebeutelten „dritten Stände" die Last alleine schultern sollten. Zudem kam es ab 1788 zu einer extremen Hungersnot, ursächlich hierfür war wohl ein Vulkanausbruch auf Island vom 8.6.1783, der sich in den Jahren darauf zu einer „kleinen Eiszeit" entwickelte. Während die unteren Stände verhungerten, hatten die oberen genug für

Abbildung 1: französische Kokarde. Unter den möglichen Interpretationen für die Farbgestaltung gibt es auch die: Liberté: blau, Egalité: weiß, Fraternité: rot

ein prassiges Leben. Das war der Treibsatz, der dann in der Revolution explodierte. In 17 relativ knappen Artikeln wurde am 26. August 1789 die „Erklärung der Menschen- und Bürgerrechte" verabschiedet. Wie wohl damals üblich, bezogen sich die Artikel nur auf Männer, so dass 1791 die Frauenrechtlerin Marie Gouze, die den Aliasnamen *Olympe de Gouge* trug, eine „Erklärung der Rechte der Frau und Bürgerin" veröffentlichte, deren erster Artikel lautete: „Die Frau wird frei geboren und bleibt dem Mann gleich an Rechten. Gesellschaftliche Unterschiede dürfen nur auf den Gemeinnutzen gegründet sein" (de Gouges, S. 28). Damit machte sie sich überhaupt keine Freunde, insbesondere nicht Maximilien Robespierre, der die Forderung nach *Egalité* offensichtlich nur männlich interpretierte: Am 3. November 1793 wurde Olympe de Gouge guillotiniert. Und mit ihr die Forderungen nach gleichen Rechten der Frauen auch erst einmal. Robespierre hat seinen eigenen Terror jedoch auch nur kurz überlebt: Er wurde am 28.7.1794 ebenfalls guillotiniert – mit selbst zerschossenem Unterkiefer, weil seine Flucht- und Suizidversuche etwas schief gingen. Dass sich die von ihm selbst durchgesetzte Rechtlosigkeit eines Angeklagten gegen ihn wenden könnte, hatte er nicht vorausgesehen, als er am 26.7.1794 mitten in einer Debatte im Wohlfahrtsausschuss verhaftet wurde.

Die französische Revolution aber hatte den **Gedanken** an die Gleichheit aller Menschen in den Artikel I der Menschenrechte und damit in die Welt gesetzt:

„Die Menschen sind und bleiben von Geburt frei und gleich an Rechten." Allerdings mit dem Unterschied: Für Frauen und Juden galt dies (erst einmal) nicht. Der *Code civile Napoleon*, also das Bürgerliche Gesetzbuch Frankeichs, betonierte ab 1804 die Stellung des Mannes als Haupt der Familie, die Frau stand unter der Vormundschaft ihres Mannes. Und im Geburtsland der Freiheitsrechte, Frankreich, erhielten Frauen erst zum Ende des Weltkriegs in Frankreich am 21.4.1944 das Wahlrecht.

In der verfassungsrechtlichen Entwicklung der Revolution stieg Napoleon Bonaparte zum Ersten Konsul auf und erklärte die Revolution am 13.12.1799 „auf ihre Grundsätze gebracht" und damit für beendet. Vorher hatte er Kriege geführt und das französische Staats- und Einflussgebiet deutlich vergrößert. 1804 krönte er sich nach einem Plebiszit (über 3,5 Millionen Franzosen stimmten dafür, immerhin gab es tapfere 2.500 Gegenstimmen) zum Kaiser Napoleon I von Frankreich. Die alten Mächte schmiedeten Pläne, Frankreich auf die Grenzen von 1792 zurückzusetzen. Hieraus folgten die napoleonischen Kriege, die durch die Schlachten von Jena und Austerlitz 1806 und 1807 vor allem für Preußen vernichtend endeten.

Es endete 1806 durch eine Verzichtserklärung Kaiser Franz II auch das *Heilige Römische Reich Deutscher Nation*. Vorher schon waren die südwestlichen Länder aus dem Verbund ausgetreten und hatten sich unter napoleonischer Vorherrschaft zum *Rheinbund* zusammengeschlossen. Alles hierzu ist rechtswidrig, problematisch und verwirrend: Zum einen hätten die Rheinbund-Länder überhaupt nicht aus dem Deutschen Reich austreten können, das sahen die Vereinbarungen gar nicht vor. Zum anderen konnte der amtierende Kaiser aus seinem Wiener Kabinett heraus keine Auflösung verkünden, das wäre einem Reichstag vorbehalten gewesen, der aber noch nicht einmal einberufen worden war. Sein Rücktritt bedeutete kaum die Auflösung eines Reiches, wie schon Karl V es vorgemacht hatte. Es gab also einen doppelten Verfassungsbruch zur Auflösung.

Nur: Es interessierte niemanden! Das Reich war beendet. Ein Missverständnis gibt es auch heute noch wegen der Dauer des Hlg. Röm. Reiches Dt. Nation: 1006 Jahre Tradition werden oft gerade von nationalistischer Seite angeführt, gerechnet ab dem Weihnachtstag 800, als sich der fränkische „inzestuöse Massenmörder" Karl (Abulafia, S. 323), von den Nutznießern seines Ausrottens „der Große" genannt, in Rom zum Kaiser krönen ließ. Zu diesem Zeitpunkt von einem „Deutschland" oder auch nur einem Deutschen Reich zu reden ist jedoch eindrucksvoll kühn[2]. Ein „Regnum teutonicum" wurde etwa seit der Kaiserkrönung Otto I vom 2.2.962 erwähnt. Erstmals wurde ein *Sacrum Imperium Romanum Nationis Germania*e 1474 erwähnt, ab 1512 wurde dieser Titel offiziell geführt (Whaley, I, S.40 ff). Es wurde also

---

[2] Der Frage „Was ist Deutsch?" hat sich auf über 1.000 Seiten Dieter Borchmeyer (2017) gewidmet.

mitnichten eine tausendjährige Tradition beendet, sondern eine noch nicht einmal dreihundertjährige. Dennoch: Unter französischen Soldatenstiefeln wurden alte europäische Reiche wie Polen oder Venedig zertreten.

Die Entwicklung

Änderungen trafen besonders auf Preußen zu.

In dem traditionell militaristischen Land, das autokratisch mit knochenhartem Drill bei barbarischen Heeresstrafen regiert wurde, gab es mit Immanuel Kant einen Philosophen, der die Aufklärung vorantrieb. „Aufklärung", so schrieb Kant, „ist der Ausgang des Menschen aus seiner selbstverschuldeten Unmündigkeit." Das ist der so oft zitierte Einführungssatz seines Aufsatzes: „Beantwortung der Frage: Was ist Aufklärung?" Dazu bedürfe es nur ein wenig, so Kant einige Seiten weiter: „Zu dieser Aufklärung aber wird nichts erfordert als Freiheit; und zwar die unschädlichste unter allem, was nur Freiheit heißen mag, nämlich die: Von seiner Vernunft in allen Stücken öffentlich Gebrauch zu machen" (Kant, [1784], VI S. 50 ff). Das konnte jeder verstehen. Und diese Sätze trafen offensichtlich ein vorhandenes Bedürfnis. Zudem: Kant war der erste Philosoph Deutschlands, der fast ausschließlich auf Deutsch publizierte. Jeder konnte ihn also verstehen. Und diese Sätze, fünf Jahre vor der französischen Revolution geschrieben, verstand jeder. Ob die drei sich ein Zimmer im Tübinger Stift teilenden Freunde Friedrich Hölderlin, Friedrich Hegel (beide Jahrgang 1770) und Friedrich Schlegel (Jg. 1775), wirklich vor Freude am Jahrestag der Revolution am 14.7.1793 um einen „Freiheitsbaum" auf dem Tübinger Marktplatz tanzten, ist nicht gesichert. Vorstellbar ist es: Das Thema Freiheit lag in der Luft. Hegel und Schlegel erwarben später Philosophie-Lehrstühle in Jena (Schlegel auf Vermittlung Goethes respektabel mit 23 Jahren), Hölderlin scheiterte an einer unglücklichen Liebe, wovon sein Briefroman „Hyperion oder Der Eremit in Griechenland" zeugt. Aber in diesem Zimmer eines ansonsten quälende geistige Enge ausstrahlenden Theologen-Stifts entstand die Keimzelle eine der prägendsten Philosophie-Traditionen Deutschlands: Der deutsche Idealismus.

In Jena trafen Hegel und Schelling nicht nur auf Goethe und Schiller, sondern auch auf Johann Gottlieb Fichte. Zusammen mit Kant bildeten sie für 50 Jahre (gerechnet von Kants ‚Kritik der reinen Vernunft' von 1781 bis Hegels Tod 1831) das Zentrum europäischen Denkens. Keiner der Philosophen benutzte den Ausdruck „Idealismus", der entstand erst später durch den bewussten Gegensatz der „Materialisten" (Feuerbach, Marx). Idealisten waren keine mildtätigen Menschen, die ihre Güter freundlich verteilen und alles für andere nur aus Liebe machten (was wir teils heute unter Idealisten verstehen), sondern Anhänger eine Denkrichtung, die Ideen und Geist betonen (während Materialisten keine geldscheffelnden

Workaholics sind, sondern Menschen, die Tatsachen und reale Dinge als Grundlage des Seins beschreiben).

Zu den Strömungen der Zeit gehört philosophisches Denken, auch wenn es im täglichen Leben erst einmal nicht den Mittelpunkt bildet. In Jena war Johann Gottlieb Fichte (1762-1814) für viele Jahre der Star unter den Philosophen: Er zog massenhaft Studenten nach Jena und hielt minutiös vorbereitete Vorlesungen, sogar sonntags. Persönlich mag er weniger einnehmend gewesen sein. So verließ er zwei Verlobte gruß- und wortlos und ließ sie im Ungewissen zurück. Zur einen, Johanne Rahn, die ihn wohl innigst geliebt hatte, kehrte er wieder zurück. Fichtes Biograph kommentierte dies sachlich: „Es ist vielleicht nicht ganz irrelevant, dass sich herausgestellt hatte, dass ein Teil des scheinbar verlorenen Vermögens der Rahns, insbesondere der Teil Johannes, nicht ganz verloren war (Kühn. S. 171) ... Es muss ihm gut getan haben, dass es außer ihm selbst noch jemanden gab, der ihn bedingungslos liebte" (ibid., S. 178). Zwei Punkte machen Fichte, unabhängig von seinen sonstigen, schon bald folgenlosen philosophischen Gedanken, für diese Zeit interessant: Seine Moralauffassung und seine Gedanken zu Judentum und Nation. Die allerdings wirkten gerade in Preußen nach.

In seinen „Grundlagen des Naturrechts" schrieb er erschütternd Erstaunliches, das hier einmal länger zitiert sein muss:

„Im unverdorbenen Weib äußert sich kein Geschlechtstrieb, und wohnt kein Geschlechtstrieb, sondern nur Liebe; und diese Liebe ist der Naturtrieb des Weibes, einen Mann zu befriedigen. Es ist allerdings ein Trieb, der dringend seine Befriedigung heischt: aber diese Befriedigung ist nicht die sinnliche Befriedigung des Weibes, sondern die des Mannes; für das Weib ist es nur Befriedigung des Herzens. Ihr Bedürfnis ist nur das, zu lieben und geliebt zu seyn. So nur erhält der Trieb, sich hinzugeben, den Charakter der Freiheit und Thätigkeit, um neben der Vernunft bestehen zu können. - Es ist wohl kein Mann, der nicht die Absurdität fühlte, es umzukehren, und dem Manne einen ähnlichen Trieb zuzuschreiben, ein Bedürfnis des Weibes zu befriedigen … ohne bis in das Innerste seiner Seele sich zu schämen" (Fichte 2018, S. 311).

„Fichte hätte sich vielleicht schämen sollen, solche Gedanken zu haben, aber er hätte sie m.E. mit Sicherheit nicht veröffentlichen sollen" (so Kühn, S. 330, direkt im Anschluss). In Preußen (Fichte lebte ab 1799 in Berlin) kam so etwas allerdings gut an.

Fichte war zudem unverhohlen antisemitisch. Nun wohnte er in Berlin bei seinen Freunden, den Schlegel-Brüdern August-Wilhelm (1767-1845) und Friedrich (1772-1829). Friedrich lebte in einer Liaison mit Brendel Dorothea Veit, die im Alter von 14 Jahren mit Simon Veit verlobt, mit ihm später auch verheiratet wurde, sich aber in Friedrich Schlegel verliebte und zu ihm zog. Dorothea Veit war die Tochter von Moses Mendelssohn, mithin also die Tante von Fanny Mendelssohn. Und über Dorothea sagte Fichte nach seinem Biographen (Kühn, S. 407): „Das Lob einer Jüdin mag in meinem Munde besonders klingen, aber diese Frau hat mir den Glauben, dass aus dieser Nation nichts Gutes kommen könne, genommen."

Natürlich lobt Treitschke in seinen „Historisch-politischen Aufsätzen" (1886, I, S. 113-142) Fichte überschwänglich.

In seinen „Reden an die deutsche Nation" kommt manches heute Unfassbare zusammen, er krempelt sich zum Total-Nationalisten um. Beispielsweise schreibt er in der 12. dieser Reden: „...denn Charakter haben, und deutsch sein, ist ohne Zweifel gleichbedeutend" (Fichte, 2008, S. 198).

Nun sei der Objektivität halber erwähnt, dass es auch heute positive Stimmen zu Fichte gibt. Eine solche ist die von Wilhelm G. Jacobs und seiner Einführung zu Fichte (2014) oder die Zusammenfassung von Wolfgang Jahnke (2004).

Fichtes Wirken fasst Kühn (S. 573 f) kritisch zusammen: „Das Urteil der Geschichte ist eindeutig: Fichte, der deutsche Philosoph, hatte einen unheilvollen Einfluss auf die deutsche Geschichte. Allen Beschönigungsversuchen zum Trotz muss er als einer der Vorväter des unseligen deutschen Nationalismus gelten und spielt damit auch eine Rolle in der Entstehung des Nationalsozialismus." Fichte starb 1814 an einer Infektion. Fanny Mendelssohn war zu diesem Zeitpunkt neun, Fanny Marcus drei Jahre alt.

Die fürchterliche Niederlage der Militärmacht Preußen in den Schlachten von Jena und Austerlitz führte Im Frieden von Tilsit 1807 zum einen zu einer deutlichen Verkleinerung des preußischen Staatsgebiets (Westfalen z.B. wurde von Napoleon zu einem selbstständigen Königreich erhoben) und damit der wirtschaftlichen Macht, auch zu einer totalen Verschuldung Preußens aufgrund von Abgaben und Plünderungen durch Napoleon. Andererseits aber wurde die militärische Niederlage und vor allem ihre Art streng untersucht.

Preußen kämpfte noch in der *Lineartaktik*: Fest zusammengestellte Blöcke von Soldaten schossen Linie für Linie auf die entgegenkommenden Feinde. Das war nicht nur Kriegstaktik, die wahnsinnig hohe Verluste menschlichen Lebens in Kauf nahm, sondern Verhinderungstaktik: Der Drill und die Strafen waren dermaßen brutal, dass viele Soldaten im Krieg zu fliehen versuchten. Hinter den einzelnen Blöcken nun standen Korporale mit Stöcken und Gewehren, die desertierende Mannschaften kurzerhand niedermachten. Preußische Soldaten sollten mehr Angst vor ihren Vorgesetzten als vor dem Feind haben.

Aber nicht nur diese Taktik führte gegen die fast spielerisch die Blöcke umgehenden Franzosen zu einer Niederlage ohnegleichen. Besonders die Offiziere erwiesen sich als inkompetent, senil und feige, reihenweise flohen oder ergaben sie sich, ließen ihre Mannschaften im Stich. Eine „Militär-Reorganisierungskommission" kam zu vernichtenden Ergebnissen: Von den 7.121 aktiven Offizieren (1806) gab es genau 695 Bürgerliche (9,8%). Insgesamt 398 Offiziere waren gefallen. Lediglich 1.683 Offiziere überstanden die Überprüfung ohne Beanstandung, 208 wurden unehrenhaft entlassen, 1.293 zwangspensioniert und 3.664 (54% der überlebenden Offiziere) wurden mit halbem Sold der Reserve überstellt (Wehler, 2008, I, S. 466). Die Reorganisation sah dann ein Fallen des Adelsprivilegs vor, eine andere Ausbildung und andere Taktiken vor. Allerdings hatte sich König Friedrich Wilhelm III (r. 1797-1840) das „ungeschmälerte" Recht vorbehalten, leitende Offiziere selbst zu ernennen. „Der Günstlingswirtschaft und dem Nepotismus wurden hier wieder durch die Entscheidungen eines Amateurmilitärs die Tore geöffnet" (Wehler, ibid., S. 468). In Preußen kam es im Gefolge von Jena und Austerlitz zu vielen Reformen wie auch einer Bildungsreform, zu Verfassungsreformen (dreimal, 1810, 1815 und 1820, versprach der König seinem Volk eine Verfassung - und brach dieses Versprechen dreimal königlich). Die Bodenreform in Preußen führte zu einem Gewinn von Land in Junkerhand von sage und schreibe 19,5 Millionen Morgen Boden. Der Adel hatte sich nach den napoleonischen Kriegen wieder vollständig durchgesetzt und behielt seine maßgebenden Positionen, die auf dem Land als Leibeigenschaft gefühlt wurden. Der (preußische) Philosoph Kant beschrieb den herrschenden Adel: „Die Frage ist nun, ob der Souverän einen Adelsstand, als einen erblichen Mittelstand zwischen ihm und den übrigen Staatsbürgern zu gründen berechtigt sei ... Nun ist ein angeerbter Adel ein Rang, der vor dem Verdienst vorher geht, und dies auch mit keinem Grund hoffen lässt, ein Gedankending ohne alle Realität. Denn, wenn der Vorfahr Verdienst hatte, so konnte er dies doch nicht auf seine Nachkommen vererben" (Kant [1785/6], IV, S. 450, Grundlegung zur Metaphysik der Sitten). Ergänzend dazu hat 1807 „der Verfasser des neuen Leviathan", wie sich Friedrich Buchholz anonymisierend als Autor nennt, „Untersuchungen über den Geburtsadel und die Möglichkeit seiner Fortdauer im neunzehnten Jahrhundert", herausgegeben. Im Vergleich zum „Sohn eines Corsikanischen Advokaten", wie er Napoleon nennt, führt er aus: „Kann man aber eine umfassendere Ursache auffinden, als die Vernachlässigung und Zurücksetzung des Genies? Nicht genug, daß die Ehrenstellen nur für die Mitglieder des ersten Standes vorhanden waren, bekam auch, damit von dem Verdienste nicht mehr die Rede seyn möchte, der am meisten verwahrloste Theil der Gesellschaft Rechte, über welchen er im Stillen selbst erstaunte" (S. 91 f). Buchholz plädiert hier für einen „Adel des Geistes und des Verdienstes, nicht für einen Geburtsadel.

Anders in Baden, Bayern und anderen Gebieten wie den freien Hansestädten. Hier gab es Verfassungen, die auch Parlamente vorsahen und konstitutionelle Einschränkungen ergaben.

Begünstigt wurden diese Reformen durch Napoleons Niederlagen vor Moskau (die Schlacht von Borodino 1812 ging wohl unentschieden aus, aber Napoleon wurde entscheidend geschwächt) und der von einer Koalition fast ganz Europas gewonnenen Völkerschlacht von Leipzig (1813). Nach der Niederlage von Paris 1814 wurde Napoleon, unverändert mit dem

Titel Kaiser, nach Elba ins Exil gesandt. Seine Flucht und ein letztes Aufflackern des Widerstands wurden von einer europäischen Koalition niedergekämpft (*Waterloo* ist ja allerspätestens seit Abba 1974 ein Synonym für eine totale Niederlage).

Der zur Neuorganisation Europas stattfindende Wiener Kongress 1814/5 führte in erster Linie zu einer Restauration der alten Machtverhältnisse.

Er führte aber durch die überharten Zensurbestimmungen zu weiteren Protesten und zu einer Stimmung in Deutschland, die auf mehr Beteiligung und Freiheit drang. Politisch sprechen wir in der Zeit seit dem Wiener Kongress bis zur Revolution von 1848 vom *Vormärz*, in der Privatsphäre ergab sich der *Biedermeier*-Stil. Benannt wurde diese Epoche nach der ausgedachten Figur des Gottlieb Biedermaier (anfangs noch mit a), dessen Wahlspruch „weder kalt noch warm" sei. Ideengeber dafür war u.a. der Arzt Adolf Kussmaul. Auch wenn es immer wieder so kolportiert wird: Die „Gartenlaube", Urahnin sämtlicher Illustrierter, war nicht das Organ dafür, sie erschien erst ab 1853. Der ursprüngliche Herausgeber, Ernst Keil, musste einen Strohmann für die Herausgeberschaft finden, da er wegen sozialkritischer Aktivitäten während er Revolution 1848 seine bürgerlichen Rechte verloren hatte.

Im Biedermeier entwickelte sich zurückgezogene Behaglichkeit, bremsender Konservativismus, aber auch die Liebe zu Literatur und familiär-freundschaftlichem Zusammenhalt. Das Lesen von Dichtern wie

Büchner, Heine oder Bettina von Arnim war weit verbreitet. In dieser Zeit bildete sich auch die Idee des Salons heraus: Sich zu einer regelmäßigen, festen Zeit zu Gespräch und Vortrag bei Tee oder Kaffee zu treffen.

Das typische Biedermeier-Zimmer zeigt viel Licht, warmes Holz, helle, fast pastellartige Farben, insgesamt Offenheit. Und alle Frauen dieser Zeit trugen offensichtlich, Portraits nach zu urteilen, dieselbe Frisur: Über dem Kopf streng gekämmt und gescheitelt, dafür mit Löckchen unter einem Band rechts und links.

In diese Zeit hinein wuchs Fanny Marcus auf.

Wirtschaft und Verkehr

Gerade das 19. Jahrhundert war das Jahrhundert der Erfindungen. Hier wurde auch die Basis dessen geschaffen, was wir jetzt im 21. Jahrhundert nutzen: Die Anwendung von Naturwissenschaft abseits spekulativer Ideen.

Bereits im Mittelalter gab es auf Holz schienengeführte Loren zur Beförderung schwerer Lasten. In der Regel waren diese Loren allerdings nicht stark belastbar, auch ihre Dauerbelastung war noch nicht ausgereift. Beim Kohleabbau im England des beginnenden 19. Jahrhunderts waren die Schienen bereits aus Metall, Pferde zogen die mit Kohle beladenen Loren aus den Bergwerken zum Fluss oder Kanal.

In den Bergwerken entstand neben Abraum auch viel Wasser, das mit Hilfe der von Thomas Newcomen (1663-1729) erfundenen „atmosphärischen Dampfmaschine" aus den Flözen gepumpt werden konnte. James Watt (1736-1819) verbesserte diese Erfindung in eine „Niederdruck-Dampfmaschine", bis Oliver Evans (1755-1819) eine „Hochdruck-Dampfmaschine" entwickelte, die kleiner und leistungsfähiger war als die bisherigen Maschinen war.

Schon Adam Smith (1723-1790) hatte errechnet, dass Biomotorik erheblich teuer ist. So verbrauche ein Pferd die achtfache Energie eines Menschen. Mit der Einsparung von 1 Million Pferden könnte man also 8 Millionen Menschen = Arbeitskräfte ernähren. Die Dampfmaschinen als Lore-Antrieb setzten sich damit fest.

Von dort dauerte es nicht mehr lange, bis auch Passagiere fuhren. Und damit auch als Übertragung die Dampfschifffahrt. Ein solcherart angetriebenes Schiff pflügte nun gerade durch die Meere. Damit hatte es nicht nur den Vorteil der höheren Geschwindigkeit per se, sondern auch eine deutlich kürzere Strecke: Das zeitraubende Kreuzen der Segelschifffahrt entfiel, so dass sich die Wege für Handel und Besuche zeitlich erheblich verkürzten.

Die Eisenbahn brachte weitere, nicht geplante Nebeneffekte. Schönes Beispiel: Anders als in den holpernden Kutschen waren die Reisenden in den Waggons in der Lage, vor allem bedingt durch die gegenüberliegenden Plätze, die den Kutschen angelehnte

Sitzmöglichkeiten boten, zu lesen. Daraus entstanden in Englands Bahnhöfen Buchhandels- und Verleihketten, von denen es heute noch *WH Smith* gibt. Mit seinen Bahnhofsbuchhandlungen betrat Smith überaus erfolgreich völliges Neuland. Nebenbei entwickelte 1966 WH Smith für den internen Ablauf die „Standardbuchnummer" SBN, aus der sich dann das internationale System ISBN herausbildete.

In England war Boden teuer - teurer als Arbeiten im Feld. Deswegen wurden sehr aufwändig Felsen durchbohrt und Täler überspannt: schnurgerade Linien wurden gebaut. In den USA war der Boden billig, Arbeitskräfte aber rar, so dass der einfachere Weg von sich um Hindernisse schlängelnden Bahntrassen gewählt wurde. Möglicherweise waren die Amerikaner das bereits gewohnt, denn bisher konnten sie problemlos vom Mississippi-Delta im Süden über Flüsse, Kanäle und Seen bis zur Hudson Bay und New York im Norden kommen. Handel war Schifffahrt, was man daran erkennt, dass Transportkosten im us-amerikanischen Englisch heute immer noch *shipping fees* heißen.

Interessant, aber nicht themenrelevant, ist noch die Entwicklung der unterschiedlichen Zugeinrichtungen wegen der andersartigen Gleisführung: Hätten englische Züge die geschwungenen Wege in den USA fahren müssen, wären sie entgleist: Die starren Achsen waren zu weit von einander entfernt. Je näher sich die Achsen also kamen, desto engere Kurven konnten genommen werden. In den USA setzte sich das „bogie"-System durch: Zwei direkt hintereinander geschaltete Achsen, so eng, dass sich die Räder gerade nicht berührten, wurden gekoppelt, jeweils zwei dieser Elemente wurden dann als Träger für die Wagons konzipiert, wobei die Wagons mit einem Drehzapfen auf den Trägern montiert waren. So konnten auch engere Kurven problemlos genommen werden. Ein System, mit dem im Prinzip heute noch *TGV*, *ICE* oder *Frecciarossa* durch die Gegend rasen. Zudem hatten die englischen Schaffner einen sehr hohen Grad an Aufregung: Sie mussten während der Fahrt auf einem Trittbrett außen zu den die ganze Breite der Wagons einnehmenden Abteilen klettern, wobei sehr viele den Zielbahnhof natürlich nicht erreichten, sondern auf der Reise von den Wagons flogen und tödlich verletzt irgendwo auf der Strecke blieben. Dieses Trittbrett wurde dann nach innen verlegt: Es entstand das noch heute bekannte Sechser-Abteil mit Schiebtüren und dem Gang davor.

Ein nationaler Zugverkehr benötigte präzise Zeitangaben. Mit den vielen Ortszeiten aber war das schwierig: Ein Zug, der von Köln nach Berlin fuhr, hatte die Kölner Uhrzeit, in der umgekehrten Richtung die Berliner Uhrzeit zum Fahrplan. Mit der „Fahrplankonferenz" vom 20.4.1871 wurde versucht, etwas einzuführen: Die Züge richteten sich jetzt nach der Berliner Zeit, so dass der Zehn-Uhr-Zug nach Berlin um 9.40 Uhr in Köln abfuhr. Nach der Weltuhrzeitkonferenz von 1884 richteten dann auch die Bahnverbände sich nach der Greenwich-Zeit (heute noch als GMT bezeichnet), aber gesetzlich wurde am 12.3.1893 die Zeit, die auf dem 15. Grad östlicher Länge als verbindliche Zeit eingeführt, die „Görlitzer Zeit". Görlitz lag damals ziemlich in der Mitte Deutschlands, das sich über 17 Längengrade entsprechend 67 Minuten erstreckte: Jeder musste also maximal seine Uhr um eine halbe Stunde verstellen. So hat letztlich auch die Eisenbahn zu einer einheitlichen Zeitangabe in Deutschland geführt, die ja heute noch „Mitteleuropäische Zeit" MEZ heißt.

Welche Unterschiede die Zeit machte, erzählt Fanny Lewald selbst. In ihrem Roman „Das Mädchen von Hela", erschienen 1860, heißt es: „Aber sie hatte noch keine Viertelstunde geschlafen, als ein fremder starker Schall sie weckte. Die Uhr vom Thurme schlug zwölf Schläge, es war Mittag" (S. 162). Die Geschichte spielt im Nordosten auf einer Halbinsel bei Danzig. Anders „Nella" erschienen 1870, dessen Schauplatz in der Industriezone des Bergischen Landes, also ganz im Westen liegt. Eines Morgens steht der Besuch bei Nellas Eltern an: „Sie zog bei diesen Worten ihre Uhr aus dem Gürtel. ‚Es ist drei Uhr,' sagte sie, „bis zum Mittagessen habe ich noch eine Stunde Zeit" (S. 150). Beide Romane wurden vor der „Fahrplankonferenz" von 1871 veröffentlicht.

Der Zugverkehr hatte nicht nur Auswirkungen auf den Handel, sondern auch auf die Architektur. Ausgehend vom „Crystal Palace" der Londoner Weltausstellung 1851 wurden Eisenkonstruktionen zu den riesigen Bahnhofshallen gewählt. Flachere Bauten waren wegen des dauernden Rauches der Lokomotiven nicht möglich. Der Eingang wurde hinter den Eisenträgern dann wie üblich gemauert, allerdings zu neuromanischen Mauern pompös hochgezogen. Die älteren Bahnhöfe bieten heute noch eine ehrfurchtgebietende Frontansicht. Die neueren brauchen diese Hallen nicht mehr: Sie sind flacher. So ist der neue Berliner Hauptbahnhof insgesamt nicht wesentlich höher als der Bremer, eingeweiht im Todesjahr Fanny Lewalds 1889 und 2012 *Großstadt-*

bahnhof des Jahres, in Berlin gibt es aber Gleise auf drei Ebenen.

Auch die Stadtarchitektur passte sich den Zugreisen an, deutliche Beispiele dafür sind die zum Teil brutalen Umbauarbeiten, als Schneisen quer durch Wohngebiete geschlagen wurden, in Paris zur Ära George-Eugene Haussmanns (1809-1891) oder ähnliches in Venedig, wo (allerdings erst ab 1931) nicht nur eine Straße, die *Strada nova*, vom Bahnhof zum Rialtomarkt geschlagen und anderes dafür abgerissen wurde. Auch ein neuer Kanal, der *rio novo*, wurde ähnlich vom Stadtteil Dorsoduro in Richtung Bahnhof neu erzwungen, wobei auch ein imposantes Stück der Papadopoli-Gärten aufgegeben wurde. Und: Durch die Eisenbahn wurde eine Eisenbahnbrücke vom Festland nach Venedig erforderlich, die am 11.1.1846 eingeweiht wurde. Dummerweise hatte Venedig zu diesem Zeitpunkt und für weitere 85 Jahre noch keinen überdachten Bahnhof. Mit der Brücke war der Inselcharakter dieser Stadt aufgehoben.

Im neunzehnten Jahrhundert änderte sich in einem atemlosen Tempo enorm viel. Bestehendes, Altbekanntes verschwand. Und damit auch für sehr viele ein Gefühl des Vertrauten.

Handel und **Herstellung** veränderten sich ebenfalls rasant. Aus einzelnen Gewerken, ob zünftig oder unzünftig, wurden langsam einige Schritte ausgegliedert, so dass einzelne Schritte einer Herstellung übergeben wurden und nicht mehr alles in einer Hand bis zur Fertigstellung hergestellt wurde. Ab Anfang des

19. Jahrhunderts entwickelte sich das **Verlagswesen**: Handarbeiten wurden, meist in Heimarbeit, an damit abhängig Beschäftigte gegeben, die Arbeiten daraus wurden dann zentral zusammengestellt. Hieraus entwickelten sich **Manufakturen**, wo diese Arbeiten zentral erfolgten, später **Fabriken**. Marx sah eine Entwicklungsstufe in diesen Fertigungen, was aber nicht ganz stimmt: Manufakturen sind keine „halbfertigen Fabriken". Ihr Kennzeichen ist eine geringe Maschinisierung bei einem hohen Anteil von Handarbeit, während sich Fabrikarbeit ganz genau anders herum verhält. Manufakturen sind also Handwerksarbeit bei Prozessteilungen (Sehr gutes aktuelles Beispiel: Die nach dem Untergang der Werft *AG Weser* 1987 dort gegründete *Fahrradmanufaktur Bremen*, die fast komplett handwerklich hergestellte Fahrräder lieferte). Sie sind das hauptsächliche Fertigungsmittel bis zum letzten Viertel des 19. Jahrhunderts.

Dass es hierbei zu erschütternden Zuständen kam, schilderten die ersten sozialkritischen Dramen dieses Jahrhunderts. Gerhart Hauptmanns „Die Weber" spielt während der Zeit des Weberaufstands 1844, als die ohnehin minimalen Hungerlöhne noch einmal reduziert werden sollten und die in Heimarbeit schuftenden Weber Schlesiens einem sicheren Hungertod entgegensahen. Das fünfaktige Drama war so aufrüttelnd, dass der Berliner Polizeipräsident die Uraufführung 1892 schlicht verbot, ein Jahr später konnte Hauptmann es für einen privaten Kreis nichtöffentlich aufführen lassen, bevor „Die Weber" 1894 erstmals öffentlich aufgeführt werden konnten.

Mit der abhängigen Arbeit einher ging eine Verelendung der Massen wegen Lohndrückerei und ausufernden Arbeitszeiten: Um 1850 lag die durchschnittliche Wochenarbeitszeit bei 85 Stunden (Hein, S. 75). Eine Folge unter anderen war eine massenhafte Auswanderung: Ab 1845 zogen Menschen in jährlich neuen Rekordzahlen aus ihrer angestammten Heimat, meist nach Nord-, etliche nach Südamerika. 1854 alleine sind knapp 250.000 Menschen aus Deutschland ausgewandert (Hein, S. 68). Es kam gegen 1875 dann jedoch zu einer Verbesserung der wirtschaftlichen Lage, wesentlich dazu beigetragen hatten die Arbeiter selbst. Trotz eines Koalitionsverbots in Preußen bildeten sich ab 1830 Gesellen- und später Gewerkvereine, aus denen sich ab 1848 Gewerkschaften formierten. Sie setzten viele innerbetriebliche Forderungen durch und handelten oft schon Löhne aus. Mit der Gründung der beiden Vorläuferorganisationen der SPD ab 1863 und deren Zusammenschluss 1875 in Gotha hatte die Arbeiterbewegung auch einen politischen Arm, dessen Verbot („Sozialistengesetz" Bismarcks: *Gesetz gegen die gemeingefährlichen Bestrebungen der Sozialdemokratie* von 1878 bis 1890) nichts an der parlamentarischen Arbeit änderte. Katholische Gesellenvereine (Adolph Kolping, 1813-1865) versuchten, den Wandergesellen ähnlich einer Familie Halt zu geben (Kolping-Familien).

Es standen sich zwei Denkmodelle gegenüber: Während der Liberalismus und die Wirtschaft Individualismus und (Zoll-)Freiheit forderten, war die Botschaft der Lohnarbeiterinnen (die einen wesentlichen Anteil ausmachten) und Lohnarbeiter im Gegenteil Zusammenschluss: Proletarier aller Länder vereinigt Euch! Liberalismus und Sozialismus haben das gleiche Geburtsdatum: 1848. Für die Liberalen die Paulskirchenversammlung, für die Linke die Veröffentlichung des Kommunistischen Manifests.

Bestärkt wurde der Gegensatz durch die politische Entwicklung. Nach der Metternichschen Zensurpolitik gewann der Liberalismus an Boden, liberale Zusammenschlüsse und Parteien gründeten sich. Im Gefolge der Revolutionen von 1830 kam es auch in Deutschland zu Aufständen und Forderungen nach vermehrter Teilhabe der Bevölkerung, es gründeten sich die ersten, bewusst national gestimmten Studentenverbindungen ("Burschenschaften"[3]). Ab 1817 zum 4. Jahrestag der Leipziger Völkerschlacht und des 300. Jahrestag der Reformation wurden die "Wartburgfeste" wiederholt gefeiert, die sich gegen Kleinstaaterei und die reaktionäre Politik richteten. Die Wartburg als Luthers Zufluchtsort wurde bewusst als Symbol der Einheit Deutschlands gewählt. Bemerkenswert ist die große Resonanz der liberalen Bestrebungen. Zum Beispiel hob König Ernst August I von Hannover 1837 die gerade erlassene Verfassung auf, wogegen sich ein Proteststurm erhob. Auch sieben

---

[3] „Bursche" war im 18. Jahrh. die Bezeichnung für Student.

Professoren aus Göttingen (unter anderem die Brüder Grimm) erhoben massive Proteste. Sie alle wurden aus dem Universitätsdienst entlassen, drei von ihnen des Landes verwiesen. Die Proteste dauerten dennoch weiter an.

Die Wirtschaftsliberalen hielten aber stille, als 1834 der Zollverein gegründet wurde, womit erstmals ein einheitlicher Wirtschaftsraum in Deutschland geschaffen wurde. Hiermit verstärkten sich die Forderungen auch nach einer politischen Einheit, wobei sich die „Kleindeutschen" und die „Großdeutschen" über die Frage, mit oder ohne Österreich, heftig befehdeten.

Die politische Lage spitzte sich zur Mitte der 40er Jahre weiter zu. Im Februar 1848 begann wieder in Frankreich eine Revolution, die aber dieses Mal nach Deutschland überschwappte und auch hier an Fahrt gewann. Liberale zogen zögerlich mit, sie wollten volle Bürgerrechte für alle abhängig machen von einem Fortschritt in der Bildung. Demokraten strebten eine konstitutionelle Monarchie an, also eine weitgehende Entmachtung des Fürsten. Über die Frage des Weges dorthin spaltete sich das Lager, in Baden griffen vereinzelte Demokraten zu den Waffen, um einen gewaltsamen Umsturz herbeizuführen. Sie wurden besiegt.

Am 18.5.1848 trat eine erstmals in Deutschland nach einheitlichen Wahlen zusammen gesetzte Versammlung in Frankfurts Paulskirche zusammen. Es wurden, wie so oft zu Beginn einer neuen Zeit, endlos Ideen diskutiert. Als Kernpunkt kristallisierte sich aber immer deutlicher die nationale Idee heraus. Zu lange wurde darüber diskutiert, in welcher Form das zukünftige Deutschland regiert werden sollte. Mittlerweile nämlich hatten sich die Fürsten vom Schreck der Barrikadenkämpfe erholt und die Zepter fester an sich gerissen. Den Vorschlag der Paulskirchenversammlung, der von 28 der 39 deutschen Einzelstaaten unterstützt wurde, den preußischen König zum deutschen Kaiser zu wählen, lehnte dieser ab. Friedrich Wilhelm IV sah sich als König von Gottes Gnaden (Winkler, 2020, I S. 86), eine vom Volk übertragene Krone lehnte er ab. Außerdem, und vielleicht ähnlich wichtig, wollte er Österreich nicht brüskieren (Genau in dieser Zeit spielt Fanny Lewalds Roman: Auf rother Erde). Dafür unterdrückte er mit brutaler Militärgewalt Aufstände in Sachsen oder Baden. Später *verdunkelte* sich sein Gemüt: Ob es eine Geisteskrankheit oder eine, wie heute vermutet wird, Gehirnarteriosklerose mit einer Multiinfarktdemenz war, ist letztlich gleichgültig, jedenfalls übernahm nach erneuten Schlaganfällen sein Bruder Wilhelm ab 1858 die Regentschaft und nach dem Tod 1861 von König Friedrich Wilhelm IV als Wilhelm I den Thron.

Der Revolution von 1848 hat Christopher Clark ein fesselndes Buch gewidmet, in dem er auf über 1.000 Seiten die Abläufe minutiös schildert. Sehr oft hat er dabei Fanny Lewald zitiert, die in ihrem dreibändigen Buch „Erinnerungen aus dem Jahr 1848" Eindrücke aus Deutschland und Frankreich verarbeitet, das sie gerade besucht hatte (das Verfahren heißt ja heute *oral* oder *narrative history*).

Die Gegensätze zwischen Österreich und den deutschen Gebieten wurden immer größer, aus Verbindungen wurden Streitigkeiten. Und wie so oft lief alles auf einen Krieg heraus. Vorher gab es aber noch eine gemeinsame Aktion, den deutsch-dänischen Krieg. Formell ging es dabei um dänische Ansprüche, Schleswig in dänisches Gebiet zu integrieren, was genauso gegen das Londoner Protokoll von 1852 verstoßen hätte, wie die deutschen Ansprüche, Schleswig ins Reichsgenbiet zu holen. Bismarck, mittlerweile Preußens Ministerpräsident und Außenminister, der „schärfste und letzte Bolzen der Reaktion von Gottes Gnaden", wie von den Liberalen bezeichnet (Hein, S. 85), verschärfte die Krise, bezog sich aber formell auf dieses Protokoll und holte damit widerstrebend Österreich an seine Seite, bis es im Frühjahr 1864 zum kurzen deutsch-dänischen Krieg kam, der im Oktober desselben Jahres mit dem Wiener Frieden und der deutschen Hoheit über Gesamt-Schleswig-Holstein kam. Das war aber für den letzten Waffengang nur Fassade, beide Seiten rüsteten zum Krieg. Den gab es im nur dreiwöchigen „Bruderkrieg" mit dem preußischen Sieg in der Schlacht von Königsgrätz am 3.7.1866. Eigentlich gab es gar keine Schlacht: Das preußische Militär rückte per Eisenbahn an und war plötzlich auf dem Schlachtfeld, als sich die Österreicher noch auf dem Marsch befanden. Es gab einen schnellen Friedensschluss, Öster-

reich musste nur symbolisch „Reparaturleistungen"
aufbringen. Der preußische König dankte diesen Sieg
seinem Kanzler Bismarck mit einem „Geschenk" von
400.000 Talern, wofür der sich ein Gut mit 22.0000
Morgen Land in Varzin, Hinterpommern, gönnte (Vasold, S. 223). Ähnlich bedankten sich auch die Nazis
mit einem Gut für 1 Million Goldmark bei ihrem
Meister Paul Hindenburg. Und Preußens Militärs
konnten sich auf den lange gewollten Krieg gegen
den „Erbfeind" vorbereiten: Frankreich.

Innerhalb Deutschlands war der zukünftige Staat immer noch nicht in den Grundzügen erkennbar. Es gab
den Norddeutschen Bund, einen Zusammenschluss
von Ländern und Fürstentümern nördlich der Mainli-
nie mit einem eigenen Parlament, dem Reichstag.
Die Hoffnung aber, auch die süddeutschen Länder
Baden, Bayern, Württemberg und Hessen (Darmstadt) mit aufzunehmen, zerstoben immer wieder:
Die Auffassungen über die Konstitutionen differier-
ten zu stark. Bismarck spielte nun geschickt die nationale Karte, er stellte Frankreich europaweit als Ag-
gressor dar (Grund waren die spanischen Erbfolge-
streitigkeiten), so wurde beiderseits ein Krieg nicht
nur in Kauf genommen, sondern eher gezielt ange-
gangen: Beide Seiten erhofften sich einen endgülti-
gen Sieg über den „Erbfeind".

Ab 1870 tobte dieser Krieg. In der Schlacht von Sedan
am 2.9.1870 verlor Frankreich entscheidend, Kaiser
Napoleon III wurde gefangen genommen, womit der
Krieg eigentlich beendet gewesen wäre. Die deut-

sche Seite beanspruchte aber das Elsass und große Teile Lothringens als Reichsgebiet, was Frankreich, inzwischen zur Republik erklärt, nicht akzeptierte. Deswegen wurde dieser Krieg bis Anfang 1871 in zunehmender Brutalität geführt, bis am 28.1.1871 ein Waffenstillstand geschlossen wurde. Die Frankreich aufgedrückten Lasten waren enorm: Neben der Annexion der Gebiete unter anderem eine Entschädigung von 5 Milliarden Francs.

Zu fragen ist, ob ohne diesen unglaublich harten Diktatfrieden, insbesondere die Ausgliederung französischen Gebietes, die Reaktion Frankreichs im Frieden von Versailles nach dem 1. Weltkrieg anders gelaufen wäre. Bismarck selbst hat es 1866 im Frieden mit Wien ja vorgemacht, dass durch einen milden Friedensvertrag kein Hass verblieb.

Der Rest ist deutscher Mythos: Am 18.1.1871 (der Krieg war noch nicht beendet) wird im Spiegelsaal zu Versailles Preußens König zum deutschen Kaiser Wilhelm I gekrönt. Dieses Datum musste es traditionell sein, denn am 18.1.1701 wurde Preußen Königreich. Dem Zusammenschluss zum deutschen Reich gingen heftigste Verhandlungen voran, abgesehen davon, dass Wilhelm mit dem Titel Schwierigkeiten hatte, mussten Länder wie Bayern bearbeitet werden. Und zwar mit klingender Münze.

Der widerstrebende König Ludwig II, ohnehin bereits etwas „sonderlich" (als „schwermütig" wurde er zu Beginn jeder Folge der Vorabend-Fernsehserie *Königlich-bayerisches Amtsgericht* geschildert), widersetzte sich anfangs dem Ansinnen, einen Preußen zum Kaiser zu wählen. Bismarck wusste diese *Zurückhaltung* überaus diskret aufzulösen. Mit Hilfe des *Welfengoldes* konnte eine „Dotation" an den ewig bankrotten Ludwig erwirkt werden, Sebastian Haffner spricht von 4.720.000 Goldmark, Tillmann Bendikowski hat die jährliche Zahlung von 300.000 Goldmark recherchiert (Bendikowski, S. 202). Außerhalb von Adelskreisen heißt Dotation viel aufrichtiger: Bestechung. Der engste Mitarbeiter Ludwigs, Graf Holnstein, der Vermittler zwischen ihm und Bismarck, bekam zusätzliche zehn Prozent der Vergütung als eigene „Dotation" für seine aufopfernde, aber wahrlich nicht selbstlose Tätigkeit: Er verriet sein Land und seinen König gegen Geld (vergl. Lukas 22, 5). Von einem Kuss ist allerdings nichts überliefert.

Völlig Unrecht hatten die Warner in Bayern mit ihren Befürchtungen nicht: Preußen hatte sich bereits rigoros und oft auch rechtswidrig durchgesetzt. 1866 nach dem preußisch-österreichischen Krieg wurde das Königreich Hannover aufgelöst und Preußen als „Provinz Hannover" eingegliedert. Gleiches widerfuhr der freien Reichsstadt Frankfurt. Die abgesetzten Könige Hannovers verloren parallel zum Thron auch ihr **Privat**vermögen, das Bismarck konfiszierte und als Reptilienfond für unappetitliche Aufgaben nutzte: Das *Welfengold*, mit dem Journalisten bestochen und der bayerische König und sein Vertrauter gekauft wurden. Im Grunde war der Zusammenschluss zum Deutschen Reich die Besetzung

Deutschlands durch Preußen. Preußisches Recht wurde deutsches Recht, was wir z.B. an der Sozialgesetzgebung heute noch sehen: Es gilt als Sozialgesetzgrundsatz die „Munizipalverpflichtung" zur Unterstützung durch die **Wohnort**gemeinde, nicht wie in Süddeutschland üblich durch die **Herkunfts**gemeinde.

Mit der Gründung des deutschen Kaiserreichs änderte sich viel, besonders schwappte eine hohe Welle eines Nationalismus durch die Lande.

Kunst und Kultur passten sich dieser Änderung an. Und auch eine nachdenkliche und auf Emanzipation hinarbeitende Schriftstellerin wandelte sich zur Monarchistin: Fanny Lewald.

Juden waren assimiliert und in die Gesellschaft integriert - solange sie getauft waren. Heine nannte die Taufe das „Entrèbillet" in die Gesellschaft. Wie fragil das alles war, wussten die Juden schon seit Jahrhunderten. Ein latenter Antijudäismus (es war noch kein Antisemitismus, denn hier ging es hauptsächlich um den Glauben) lag immer vor. Eleonore Sterling (1969) beschreibt akribisch in ihrem Buch „Judenhaß" „die Anfänge des politischen Antisemitismus in Deutschland 1815-1850", so der Untertitel ihres Buches. Ihre Forschungen zusammengefasst ergibt sich folgendes Bild (vergl. auch Winkler 2020, I S. 40 ff): Formell waren die Juden seit dem Toleranzedikt von 1812 vollständig emanzipiert. Dennoch hatten sie immer Schwierigkeiten mit der Besetzung öffentlicher Stellen, Heiraten (jüdisch-christliche Ehen benötigten einen Dispens, was einen Schwerpunkt in Fanny Lewalds Roman „Jenny" bildet). Zudem wussten die Junker ihre Macht, insbesondere die patrimoniale Gerichtsbarkeit (bis 1848) oder die Herrschaft über die „Gesindeordnung", zu halten. Das Toleranzedikt hatte keine liberale Zielsetzung, sondern eine wirtschaftliche: Die jüdische Wirtschaft sollte dem Staat besser nützlich sein, um Toleranz für den einzelnen ging es nicht. Es kristallisierten sich mehrere konservativ-antijudäische, sogar antisemitische Bewegungen heraus. Die konservative Form sah Preußen als ein Werk Gottes, diese Konservativen lehnten Rechtsgleichheit für alle rigoros ab. Aus dieser Gruppierung entwickelte sich die von Sterling „Volkstümler" genannte Bestrebung, die Christentum und Germanentum als eigenes Volkstum gleichsetzten: Nicht die Juden waren Gottes erwähltes Volk, sondern die Germanen. *Genial* und *germanisch* wurden gleichgesetzt. In einer Arbeit über Giordano Bruno hatte ich das einmal (2023) ausgeführt:

Der deutschtümelnde Herausgeber und Übersetzer von Brunos Schriften („Ich fasste den Plan, die Werke des Nolaners, soweit es in meinen Kräften stände, in unser geliebtes Deutsch zu übertragen", Einleitung in: Bruno, 1904 Bd. 1, S. 2) war Ludwig Kuhlenbeck (1857-1920). Er fühlte sich einem auf Ungleichheit basierendem Rassismus verpflichtet, ohne dabei die Superiorität einer Rasse primär als gegeben vorauszusetzen. Kuhlenbeck verweist in seiner Einführung zu den Schriften Brunos besonders auf Houston Stewart Chamberlain (1907) und Heinrich Driesmans (1901). Heinrich Driesmans seinerseits zitiert ohne Seitenangabe Heinrich von Stein, der einen längeren Absatz schließt: „... es ist dies der künstlerische Zug des philosophischen Erkennens"

(1900, S. 30). Und daraus formt Driesmans: „Giordano Bruno ist ein typisches Beispiel für die germanische künstlerische Veranlagung" (S. 103). Diese germanische ideelle Abkunft ergänzt Driesmans durch die „Blutlinie der Mutter": Fraulissa sei als germanischer Name „eine äußerliche Bestätigung für die Herkunft Brunos" (S. 104) – auch wenn sie wahrscheinlich gar nicht so hieß. Von Stein wird übrigens nicht weiter zitiert, auch wenn er nur wenige Seiten später (S. 39) erläutert, dass nicht alleine Auffassungsgabe, sondern Seele die Erkenntnis zusammenfasse. Von Stein hat sich zeitlebens kritisch, aber wohlwollend mit Bruno beschäftigt, auch seine Habilitationsschrift „Über die Bedeutung des dichterischen Elements in der Philosophie des Giordano Bruno" von 1881 galt dem Nolaner.

Gewagte Thesen zu einer germanischen Geisteslinie Brunos erschüttern zumindest den heutigen Leser und die aktuelle Leserin, wenn Kuhlenbeck erklärt: „Man hat auch erkannt, dass Giordano Bruno sozusagen vermöge Kontinuität des Keimplasmas von vornherein dem deutschen Geistesleben gehört hat ... [Es] haben zwei so ausgezeichnete Rasseforscher, wie Chamberlain und Driesmans aus dem geistigen Charakter des Nolaners dessen vorwiegend germanische Blutmischung erschlossen ... [Chamberlain] sieht in dem Scheiterhaufen Brunos ein sichtbares Symbol eines täglichen, allseitigen Kampfes gegen das Germanische" (a.a.O., S. 3 f).

Auch wenn man die Hände über dem Kopf zusammenschlägt: In diesem Stil wurde schon in der ersten Hälfte des 19. Jahrhundert die Höherwertigkeit der germanischen Rasse beschrieben.

Später brach sich der Antisemitismus noch einmal gewaltig Bahn, ab dem 9.5.1873. An diesem Tag „crashte" die Börse in Wien. Die Auswirkungen in Deutschland waren katastrophal, denn die französischen Kriegsreparaturen von 5 Mrd. Francs hatte eine Konjunktur auf extrem wackligen Füßen angefacht. Gerade im Bereich der Montanindustrie und der Eisenbahnen wurden Aktiengesellschaften gegründet, deren finanzielles Fundament, nett formuliert: unseriös war. Der „Gründerboom" war in Wirklichkeit ein Gründerschwindel. Hier zeigte sich, dass Betrug keine rein männliche Domäne ist, denn zu dieser Zeit betrog auch die Schauspielerin Adele Spitzeder mit ihrer „Spitzeder-Bank" in München 32.000 Einleger um ihr Geld, dass nach heutiger Währung etwa 400 Mio € ausmachte. Der Fall war so spektakulär, dass bald nach ihrer Verurteilung 1873 schon ein Theaterstück erschien. 1972 verfilmte Martin Sperr ihr Leben (Panzer). Noch übler verfuhr der „Eisenbahnkönig" Bethel Henry Strousberg, ein konvertierter Jude aus Ostpreußen, der dabei offensichtlich besonders dreist verfuhr. Unzählige Kleinanleger waren auf den Schlag mittellos – und ganze Gesellschaften mit ihnen. Und mit Strousberg wurden plötzlich alle Juden haftbar gemacht. Der schon angelegte Antisemitismus brach in einer kurz vorher nicht vorstellbaren Wucht aus, der sich bis ins neue Jahrhundert fortsetzte und den Gärboden für die Nazis bot (Winkler I, S. 226 ff). Auf intellektueller Basis entstand der „Berliner Antisemitismusstreit", begonnen 1879 mit dem Artikel „Unsere Ansichten" von Heinrich von Treitschke, in dem er konstatiert: „... die Juden sind unser Unglück" (Boehlich, S. 13). Das wurde auch das Motto des Hetzorgans der Nazis, „Der Stürmer". Nach diesen Äußerungen war nichts mehr wie vorher, auch wenn liberale Bürger wie Theodor Mommsen davor warnten, „diesem selbstmörderischen

Treiben des Nationalgefühls schweigend zuzuschauen" (ibid., S. 213) oder der ebenfalls bestätigt sieht, dass „der Fanatismus ein Krebsschaden ist, welcher schließlich auch das Gefühl der Ehre und der Ehrenhaftigkeit angreift" (ibid. S. 224). Unbeachtet blieb, natürlich, das Plädoyer von Moses Mendelssohn, der 1783 in einem ausführlichen Essay „Jerusalem" für Menschrechte und Toleranz geworben und dabei auch das Judentum zu Änderungen aufgerufen hatte (Mendelssohn, 2010). Der Antisemitismus (dieses Wort wurde erst im Verlaufe dieses Streits ab 1879 eingeführt) war nun eingeführt und etabliert. Es gab zwar schon vorher antijudäische Ausfälle. 1819 begannen die „Hep-Hep-Krawalle", in denen Juden durch die Gegend getrieben wurden (woher der Ausdruck stammt, ist unbekannt, möglicherweise sind sie den Rufen von Viehtreibern entnommen). Immer wieder gab es Jugendliche, die sich damit wichtig taten (auch Fanny und Felix Mendelssohn berichteten, dass sie in Bad Doberan dieses ‚Hep hep, Jud verreck' aus manchen Hecken gehört hätten). Der neue Antijudäismus hatte aber eine neue Qualität. Und gerade jüdische Schriftstellerinnen wie Fanny Lewald mussten sich dem stellen.

Moralvorstellungen wechseln, in Preußen allerdings immer sehr viel später. Zu einem echten Skandal, der bis in die Kreise von Kaiser Wilhelm II drang, weitete sich aber 1894 der Eklat um Schloss Grunewald aus (vergl. Jungblut, 2003; Wippermann, 2010;). Es war ein Skandal um Homosexualität und Promiskuität, in den höchste Militärs und Politiker verwickelt waren. Schloss Grunewald war offensichtlich so etwas wie ein besonders für Homosexuelle geeigneter Swingerclub für die oberste Klasse, denn mit der Schwester des Kaisers, einem zukünftigen Schwager und seinem Vertrauten Hans Leberecht von Koze war der Skandal direkt beim Kaiser. Herr von Koze wurde zwar festgenommen, aber freigesprochen. In zwei Duellen tötete er einen seiner Ankläger. Dreizehn Jahre später, wieder nah am Kaiser, gab es erneut einen Skandal um Homosexualität am Kaiserhof, die Harden-Eulenburg-Affäre von 1906. Philipp von Eulenburg war des Kaisers bester und vertrautester Freund (Clarke, 2009, besonders S. 147ff). Aufregende Zeiten!

Die Sexualmoral war offiziell sehr starr, rigide und lustfeindlich. Und das galt besonders für unverheiratet Zusammenlebende, zumal wenn einer der Partner noch verheiratet war. Ein solches Schicksal hatte Fanny Lewald.

Mit der Geistesstruktur des 19. Jahrhunderts hat sich besonders Karl Mannheim beschäftigt. In seiner Habilitationsschrift, die später unter dem prägnanten Titel „Konservativismus" veröffentlicht wurde, beschreibt er Denkgewohnheiten und Geisteshaltungen in dieser Zeit. Er unterscheidet zwischen „Traditionalismus, als eine allgemein menschliche Eigenschaft, und „Konservativismus" als einem „spezifisch historischen und modernen Phänomen" (2014, S.

92f). Er sieht einen „objektiv-geistigen Strukturzusammenhang" (id., S. 94). Und mit diesem Konservativismus als geistige Basis seien Veränderungen schwer durchzusetzen gewesen. Zu diesem Konservativismus gehörte die unantastbare Machtgestalt des Familienvaters,

Ab 1850 formierte sich auch das, was wir rückblickend „Bildungsbürgertum" nennen. Die beginnende Industrialisierung im Rücken und durch erste Demokratiebewegungen gestärkt begannen die Bürger sich um Bildung und Wissen zu bemühen. Der Zugang zu den Universitäten wurde einfacher, mittlerweile durften auch die ersten Frauen studieren. Hein fasst diese Entwicklung knapp zusammen (S. 73): „Das Bürgertum verengte sich also im dritten Jahrhundertviertel zu einer nur noch die gehobenen Kreise von Besitz und Bildung umfassenden Sozialformation". Kocka (2021, S. 67 ff) beschreibt umfassend den Umbau von einer ständischen in eine Klassengesellschaft, in der auch das Bildungsbürgertum eine Rolle spielte.

Preußen war ein ständischer Staat: Stände sind Gruppen unterschiedlichen Rechts und unterschiedlicher Teilhabe, während Klassen Menschen eines einheitlichen Rechts und mit gleicher Teilhabe an den politischen Prozessen beschreiben, deren ökonomische Stellung ihre Unterschiede ausmacht. Mit der Industrialisierung verlor Preußen und damit Deutschland zunehmend einen ständischen Charakter – bis auf das Junkerland in Ostelbien, das noch der gruselige

Paul von Hindenburg am Leben zu erhalten versuchte. In Ostelbien blieb die Geschichte buchstäblich stehen. Der Adel mit seinen eigenen, elaborierten Ehrvorstellungen wuchs sich allmählich völlig aus dem allgemeinen Verständnis heraus. Gerade Kaufleute, Handwerker oder die ersten Industriellen standen dem zunehmend befremdet gegenüber.

Ein Beispiel für ständischen Ehrenkodex: Bismarck war dem Abgeordneten Rudolf Virchow, Pathologie-Professor an der Charité, rhetorisch und faktenkundig nicht gewachsen, daher versuchte er ihn halt legal zu erschießen: Im Verlauf einer Debatte im Reichstag (Virchow zweifelte, ob Bismarck ein Schriftstück gelesen, und wenn ja: wahrhaftig vorgetragen habe) am 2.6.1865 überbrachte Bismarck dem Arzt Virchow eine Duellforderung. Der ging natürlich nicht darauf ein. Bemerkenswert war aber die öffentliche Reaktion darauf: Sie lobte Virchow. Es gab einen Brief von 716 Männern, die Virchow dazu gratulierten. Unter ihnen war die neue Klasse, Industrielle, stark vertreten. Unter Ärzten kursierte die humorike Version, Virchow hätte die Duellforderung angenommen, hätte er die Waffen wählen dürfen: Er hätte zwei Würste genommen, von denen eine stark mit Trichinen durchsetzt sein sollte. Andererseits hielten viele von Bismarcks Junkerfreunden Virchow überhaupt nicht für *satisfaktionsfähig*: Er war nicht „von Stand" (Vasold, S. 212 ff).

Mit der Ablösung der Stände begannen sich andere Formen der Kommunikation durchzusetzen.

Kultur. Literatur. Salons.

„Deutschland? Aber wo liegt es? Ich weiß das Land nicht zu finden // wo das gelehrte beginnt, hört das politische auf". Dies ist bereits Ende des 18. Jahrhunderts die kritische Auffassung Goethes und Schillers. In ihrer Xenie Nr. 122 (Schmidt/Suphan, S. 14) beschreiben sie auf diese fast vernichtende Art das bestehende Gebilde. Das 19. Jahrhundert ist ein Jahrhundert von Literatur, Musik und Fortschritt in Naturwissenschaften und Medizin, trotz aller politischer Mittelmäßigkeit. Osterhammel beginnt sein epochales Werk mit einer Darstellung der Musik dieses Jahrhunderts. Und in der Tat: Die Erfindung der Oper mag schon älter sein (der in Venedig lebende Claudio Monteverdi, 1567-1643, gilt als einer der Väter der Oper), aus der Zeit des Übergangs von der Renaissance zum Barock, perfektioniert wurde die Oper als Kunstform zweifellos im 19. Jahrhundert durch Giacomo Rossini (1792-1868), Giuseppe Verdi (1813-1901), Giacomo Puccini (1858-1924) oder den jung verstorbenen Georges Bizet (1838-1875), um nur einige zu nennen. Manche zählen auch Richard Wagner (1813-1883) in diese Reihe, der Musik nur als einen Baustein eines „Gesamtkunstwerks" aus Musik, Text und Darstellung sah. Zu dieser Zeit entwickelte sich aus Kirchen- und Protestgesängen auch der Blues, der seinen Namen einer Melancholie verdankt: *I feel blue* zeigt Trauer an. Der Blues hat einen 4/4-Grundrhythmus mit einer Zwölfertaktung. Das kann auf seinen Ursprung: monotone Feldarbeit verweisen. Gerade Sängerinnen der Frühzeit wie Ma Rainey (Immer noch unglaublich gut: *Hustlin' Blues*, eine der ersten populären Schallplattenaufnahmen) prägten den Blues. Unsere gesamte populäre Musik über Jazz, Soul, Rock bis zum Hip Hop hat ihre Wurzeln im Blues des 19. Jahrhunderts (nicht so sicher bin ich mir da beim deutschen Schlager der 70er Jahre). In konzertanter Musik fasste besonders Antonin Dvorak die Änderung der Zeit zusammen: Seine 9. Sinfonie trägt auch den Namen „Aus der Neuen Welt". In diesem 1893 in New York uraufgeführten Werk fügt Dvorak klassische sinfonische, quasi „europäische" Momente mit Anteilen zusammen, die er in Amerika kennengelernt hatte. Das Thema seines 2. Satzes, einem Largo, wird von einem Horn gespielt, es drückt die Totenklage des Häuptlings Hiawhata um seine Gefährtin Minehaha aus, Dvorak folgt damit einer irokesischen Legende. Spirituals und eben damit Blues spielen auch eine Rolle als Themen im 1. und 3. Satz[4]. Diese Internationalität war Ausdruck des 19. Jahrhunderts. Und wenn zur Zeit vor Gründung eines einheitlichen Italiens, 1861, bei fast jedem Musikstück „Viva Verdi" gerufen wurde, gleich was gespielt wurde, war das nicht nur eine Hommage an den Komponisten, sondern das Akronym für **V**ittore **E**manuele, **Re d'I**talia - Italiens König Viktor Emanuel, also ein politisches Statement für die Einheit.

---

[4] In der Reihe „SWR Young Classix" gibt es auch eine CD mit einer Einführung in diese Sinfonie für Kinder. Sehr schön gemacht.

Die Musik war international. Und auch die entsprechen Moden zirkulierten rasch. Überall, wo Europäer siedelten, folgten auch ihre modernen Tempel: Opernhäuser, sei es in New York oder Buenos Aires in Jakarta oder Rosario, teilweise gab es auch kleine, gut ausgestattete Bühnen mitten im Dschungel.

Alleine im Venedig des 18. und 19. Jahrhunderts wurden gut hundert Opern geschrieben – jährlich (s. Bruls, 2021).

Zu zeichnen oder malen wurde ebenfalls kulturelle Beschäftigung der oberen Schichten. Johanna Schopenhauer (1766-1838), die Mutter von Arthur, war eine begnadete Malerin, wie auch Fanny Mendelssohn (beide hatten eine Doppelbegabung: Johanna war erfolgreiche Schriftstellerin, Fanny ja auch begnadete Komponistin).

Zu schreiben und zu veröffentlichen hatte aber andere Voraussetzungen. Singen konnte man im Wald alleine oder gemeinsam mit Freunden, um zu zeichnen, genügte ein Blatt. Schreiben war komplizierter.

Wenn Schreiben mehr als „Liebes-Tagebuch"-Literatur sein sollte, bedurfte es, neben dem Schreiben, der Erfüllung dreier Komponenten, um das Erschaffene darzustellen: Herstellung, Distribution und Publikum.

Herstellung. Literatur herzustellen hat eine Tradition seit Menschengedenken, seien es die ersten Felszeichnungen, Ton- oder Steininschriften bis zu den Beschriftungen von Pergament und Papier. Immer aber war es Literatur für wenige. Maschinell wurden Schriften erst seit Johann Gutenbergs (~ 1400-1468) Erfindung der beweglichen Lettern und damit des Seitensatzes möglich. Fahrt auf nahm der maschinell-industrielle Buchdruck erst im 19. Jahrhundert. Friedrich Koenigs Erfindung der Schnellpresse nutzten ganz besonders die Zeitungsverlage und sehr früh auch Brockhaus (ab 1826) für den Druck seines Lexikons. Der „Setzer" setzte noch Buchstabe für Buchstabe (originell war für einige Zeit nach Erscheinen der Tageszeitung *taz* oft ein einzeiliger, kritischer Kommentar im Fließtext eines Beitrags, der mit „der säzzer" unterschrieben war), seine Arbeit wurde dann einfacher durch Zeilen- und En-Bloc-Seitensatz. Das Papier erfuhr deutliche Verbesserung, was in antiquarischen Büchern aus der Mitte des 19. Jahrhunderts noch zu sehen ist: Sie sind auf stark holzhaltigem Papier gedruckt. Erst später wurde Zellulose verwandt und das Papier wurde etwa so, wie wir es kennen: „holzfreie" Papiere gelten heute noch als Ausweis hoher Qualität. Die Buchbindung war über Jahre hinweg Handarbeit. Das Falzen der Druckbögen wurde mit den ersten Falzmaschinen erst ab 1883 automatisiert, die Einbindearbeiten erfuhren ebenfalls erst zu diesem Zeitpunkt eine rein maschinelle Fertigung. Durch den Einbandstoff Kaliko (eine zu festerem Halt gepresste Baumwolle) wurden auch höhere Produktionsmengen problemlos möglich.

Distribution. Der Buchhandel unterlag aus politischen Gründen vielen Änderungen. Bis zum Anfang des 19. Jahrhunderts galt noch der *Tausch-* oder *Changehandel*: Der Verleger, der in den meisten Fällen auch Drucker, Sortimenter und Buchhändler in eins war, brachte seine gesamte Auflage zu einer Messe und tauschte dann unbar Bogen gegen Bogen. So konnte einer eine Buchauflage z.B. theologischer Druckerzeugnisse, die 1.000 Bögen entsprach, zu einer Messe mitbringen und dann mit einer solchen Menge an Kochbüchern, Kalendern, Reisebeschreibungen und anderen zurückkommen. Dieses Verfahren hatte den Vorteil der Notwendigkeit einer nur geringen Liquidität. Nachteilig erwies sich die Zentralisierung auf wenige Messestädte, von denen Frankfurt herausstach. Die Geschichte der dortigen Messe reicht bis zur Erfindung Gutenbergs aus dem benachbarten Mainz zurück. Allerdings verlor Frankfurt als freie Reichsstadt bald seine Position als führende Messestadt an Leipzig: unter dem kaiserlichen Einfluss wurde der katholische Gegenreformationsdruck größer, so dass ins protestantische Leipzig ausgewichen wurde, das für mehr als 200 Jahre unter der huldvollen Förderung der sächsischen Fürsten Messe- und Verlagsstadt der deutschen Sprache wurde. Damit änderte sich aber auch der Vertriebsweg: Es kam zum *Nettohandel*, bei der nur die verkaufte Ware bezahlt werden musste, Lieferung und Risiko blieb beim Verleger. Der *Konditionalhandel* war besonders im Süden erfolgreich: Bücher wurden an bekannte Buchhandlungen versandt, die entschieden, was sie davon nahmen, bezahlt wurde dabei meist erst nach einem Jahr.

Publikum. Bücher müssen gelesen werden. Da ist es von Vorteil, lesen zu können. Und das war noch nicht überall in gleichem Maße durchgesetzt. Bis 1850 war etwa die Hälfte der Bevölkerung Analphabeten, 1870 hätten nur etwa 75% einen kurzen Text lesen können. Osterhammel (S. 1.119) sieht Preußen vorübergehend vorne: 1860 habe die Bevölkerung zu 100% lesen können. An der allgemeinen Lesefertigkeit haperte es schon. Dazu kamen die Kosten. Wittmann (1982, S. 200) führt das Beispiel eines „Leipziger Seifenarbeiters" von 1886 an, der von seinem Jahreserlös 5,9% (64,56 Mark) für „Bildung und Erholung" ausgegeben habe: 34,32 Mark für Tabak, 27,04 für Bier und 3,20 Mark für die Schulbücher der Kinder. Mit der Massenproduktion und insbesondere der großflächigen Einführung von Leihbibliotheken, die einen sehr hohen Anteil am Absatz der Bücher hatten, und vor allem der besseren Schulsituation änderte sich das Leseverhalten und es kam zur sog. „Leserevolution".

In der Tat förderten die Leihbibliotheken das Leseverhalten enorm. Verlage boten komplette Bibliotheksausstattungen an: Die „Sommersche Buchhandlung" in Leipzig macht 1803 für Privat-Leihbibliotheken ein Dumping-Angebot: 30 Sammlungen von je 330 Bänden zu weniger als einem Drittel des Ladenpreises (Wittmann/Hack, S. 251). In der Faksimile-Ausgabe des ersten Bandes von „Das Mädchen von Hela" wurde auch der Inhaberbon der „Lindauer'schen Leihbibliothek" in München mit kopiert, was Hinweise auf die Aktivität erlaubt („Die Bibliothek ist Morgens von 8 bis 12 und Nachmittags von 2 bis 6 offen. Die übrige Zeit aber, so wie an Sonn- und Feiertagen, bleibt selbe geschlossen."). Um die Kunden zu binden, verteilten die Verlage die Romane ihre Autorinnen und Autoren auf mehrere Bände. Es war überhaupt nicht ungewöhnlich, einen Roman im Gesamtumfang von 450 Seiten in drei Bänden auszuliefern. Das hatte schon den Charakter von Fortsetzungsromanen, wobei zu erinnern ist, dass die Zeitungen manchmal drei oder gar mehr Romane gleichzeitig als Fortsetzungsroman anboten. Die Illustrierten kamen hinzu, für die Urahnin aller Zeitschriften dieses Genres, die „Gartenlaube" schrieben die bekanntesten Schriftstellerinnen und Autoren wie „Keller, Raabe, Storm, Fontane, Meyer" (Wittmann, 1982, S. 160).

Über Leihbüchereien und Feuilletonromane stieg das Bedürfnis nach mehr Literatur, das dann über einen günstigeren Preis befriedigt werden konnte.

Allerdings hatten vorerst die Erschaffer der Literatur, Autorinnen und Autoren, wenig davon: Leben konnten sie kaum alleine von ihrem Schreiben. Meist hatten sie einen ernährenden Hauptberuf oder bekamen Unterstützung durch Förderer. So klagte man:

„Auf dem Gebiete der Romanproduktion drückt die ungeheure immer noch zunehmende Concurrenz die Preise nieder, und wer von der Romanschriftstellerei leben will, muß mit Dampfkräften arbeiten und jährlich eine gewisse Anzahl von Bänden fabricieren nach dem Grundsatz: Die Masse muss es bringen" (nach Wittmann, 1982, S. 168).

So verfasste z.B. Robert Giseke (1827-1890), ein heute kaum mehr gelesener Autor, zwischen 1850 und 1866 fünf Romane in insgesamt 15 Bänden - und erhielt dafür 630 Taler, womit er immerhin wohl ein Jahr gut hätte leben können.

Für nur wenige Autoren rechnete es sich - aber dennoch nahm die Anzahl der Schriftstellerinnen und Schriftsteller zu.

Unterstützend kam die Salonbewegung hinzu. Schlicht gesagt handelt es sich hier um die Ausrichtung einer Abendgesellschaft, entweder zum Tee oder zu einem leichten Essen mit interessanten Gästen zur Konversation untereinander. Heyden-Rynsch nennt die Veranstaltung eines Salons gleich in der Einleitung ihrer Darstellung den „Schauplatz einer Generalprobe der Emanzipation der Frau" (S. 11). Denn die „Saloniere" waren fast ausschließlich Frauen, die einen Salon offen hielten, sie boten einen Raum, etwas zu trinken, vielleicht etwas Gebäck, aber kein ausführliches Essen, sie hielten interessante Zeitschriften oder ließen sie vor dem Treffen bringen, in der Regel waren Klavier oder Flügel im Salon vorhanden. Und wichtig: Der „jour fixe"! Es gab einen festen Termin, in der Regel einmal pro Woche, Johanna Schopenhauer allerdings bat zweimal pro Woche zum Tee: sonntags und donnerstags. Obwohl

Politik an sich verpönt war, waren bestimmte Handlungen doch hochpolitisch: „Die folgenreichste Tasse Tee schenkt Johanna gleich im November 1806 aus - an Christiane Vulpius, frisch vermählte von Goethe" (Müller, S. 76). Christiane Vulpius hatte als Goethes Geliebte und Mutter seines Sohnes August kein respektiertes Leben, seine „dickere Hälfte", das „Kreatürchen" oder sein „Haus- und Bettschatz". Letzteres zweifellos, davon zeugen mehrere überlieferte Rechnungen für Bettreparaturen aus der Zeit ihrer frischen Liebe. Dennoch war sie nicht anerkannt. Und so war es der Saloniere Johanna Schopenhauer verblieben, sie als erste zu akzeptieren – und damit zu emanzipieren. Dafür untersagte sie ihrem Sohn Arthur, dem bekennenden Misogynen, sie mit seinen Miesepetrigkeiten bei ihren Abenden zu stören.

Der bekannteste Salon war der von Rahel Varnhagen, die 1833 starb. Die Mendelssohns unterhielten einen Musiksonntag, dort traf Fanny Lewald nicht nur die Gastgeberin Fanny Mendelssohn-Hensel, sondern auch Franz Liszt und andere. Er besuchte Fanny Lewald in ihrem eigenen Salon wieder (Heyden-Rynsch widmet dieser „Montagsgesellschaft" ein eigenes Kapitel, S. 177-181). Allerdings zitiert Heyden-Rynsch (S. 178) ausführlich Fanny Lewald, ohne die Quelle jedoch zu erwähnen (Orig.: ML III, S. 115 f.)

„Man stellt sich die Gesellschaft, welche zu Ende des vorigen und zu Anfang dieses Jahrhunderts von so wesentlichem Einfluss auf die Kulturgeschichte unseres Vaterlands geworden ist, immer nur als einen

Kreis von Heroen vor und vergisst darüber, dass diese Heroen nicht wie die Minerva fix und fertig auf die Welt gekommen, sondern lange Zeit junge, werdende, irrende, strebende und sich entfaltende Menschen gewesen sind. Man hört die Namen Humboldt, Rahel Levin, Schleiermacher, Varnhagen und Schlegel, und denkt an das, was sie geworden, und vergisst dabei, dass die Humboldts ihrer Zeit nur zwei junge Edelleute, dass Rahel Levin ein lebhaftes Judenmädchen, Schleiermacher ein unbekannter Geistlicher, Varnhagen ein junger Praktikant der Medizin, die Schlegels ein paar ziemlich leichtsinnige junge Journalisten gewesen sind, und dass auch nicht immer Geister ersten Ranges, so doch mitunter manche große Bildung, manch große Begabung, manch lebhaftes Vorwärtsstreben unter der Jugend vorhanden sind, die uns umgibt. Aber die meisten unter uns wollen nicht säen, nicht pflegen, sondern nur ernten, und zwar in einer Weise ernten, welche oft weniger darauf berechnet ist, uns satt, als Dritten Eindruck zu machen. ... Unsere Gesellschaft ist mehr oder weniger egoistisch geworden. Die Menschen wollen empfangen und nicht leisten, wollen sich unterhalten lassen und nicht unterhalten, wollen für den Aufwand an Geld und Zeit, den die Gesellschaft sie kostet, was haben, was Parade macht".

Fanny Lewalds Salon gehört deswegen bereits zu den Ausläufern des Salonwesens.

In den Salons betrieb man, etwas vereinfachend: Bildung durch Konversation. Für Frauen die beste Gelegenheit, Wissen zu schöpfen und weiter zu geben.

Die Salons fanden in den Großstädten statt. Hierzu hat Georg Simmel weitgehend geforscht. In seiner klassischen Studie „Die Großstädte und das Geistesleben" von 1903 (Simmel, S. 65-83) beschreibt er den Menschen als „Unterschiedswesen", „d.h. sein Bewusstsein wird durch den Unterschied es augenblicklichen Eindrucks gegen den vorhergehenden angeregt". Durch die Hektik der Großstadt entwickele sich dadurch „die Steigerung des Nervenlebens". Er beklagt eine dem Großstadtmenschen eigene „unbarmherzige Sachlichkeit" und einen „verstandesmäßig rechnenden wirtschaftlichen Egoismus". Ganz so fern ist Simmel damit auch Moretti (2014) nicht, der den „Bourgeois" als tätigen, immer aktiven und dabei eben wenig emotionalen Menschen schildert, meist anhand der Darstellungen aus der Literatur. Kocka und Frevert (1988) haben in ihrem imposanten dreibändigen Werk über die Bürgerlichkeit diese Tendenz ebenfalls bestätigt gefunden.

Die Lage weiblicher Autoren im 19. Jahrhundert war different. Fanny Lewalds erster Roman Clementine (1842) erschien noch anonym, ihr zweiter Jenny (1843) als „Von der Autorin von Clementine", beide im Verlag Brockhaus, und erst in einer zweiten Auflage unter ihrem Namen. Viele Frauen mussten anonym veröffentlichen. Mary Ann Evans (oft zu Gast bei

Fanny Lewald) schrieb ihren Weltklassiker Middle-march noch 1871 als George Elliot, ihre Übersetzun-gen firmierten ebenfalls nicht unter ihrem Namen. Die Brontë-Schwestern schrieben als Currer Bell, Ellis Bell und Acton Bell auch unter männlichen Pseudonymen, während Jane Austen (1775-1817) anonym, aber immerhin „By a Lady" veröffentlichen konnte. Wenn Schiller in

Abbildung 2: Jane Austens Kennzeichnung "By a Lady", hier auf der Kappe des ihr gewidmeten Füllers eines namhaften Hamburger Herstellers.

seinen „Horen" Texte oder Gedichte anonym veröf-fentlichte, durfte man sicher sein: Sie stammten meistens von einer Frau.

Erst Mitte des 19. Jahrhunderts konnten Frauen mit ihrem eigenen Namen Bücher veröffentlichen und sogar davon leben. Auch Fanny Lewald musste sich wieder einmal emanzipieren: Nicht nur als Frau, nicht nur als Jüdin, nicht nur als (anfangs) unverhei-ratet Zusammenlebende, sondern sie musste auch eine Emanzipation als Schriftstellerin auf sich nehmen.

Fassen wir die Situation im 19. Jahrhundert zusammen, dann sehen wir Ambivalenz: Zum einen eine engstirnige, dunkle Bürgerlichkeit, Freiheitsbeschränkungen, Kulturkampf, Nationalismus, Antisemitismus, Militarismus, Imperialismus, Kinderarbeit, stinkende Fabriken. Andererseits aber entstanden erste Partizipationen, Emanzipation aus Abhängigkeiten, gerade auch beginnend der Frauen, Wahlrecht, Sozialrecht, Verbot von Sklaverei und ein Aufblühen von Literatur, die sich nicht nur um Stile kümmert. Eberhard Fahrenhorst nennt in seiner 1952 fertig gestellten Aufsatzsammlung dieses Jahrhundert eines von „Beharrung und Auflösung", wobei die Auflösung gerade den Wechsel von der Adels- in die bürgerliche Gesellschaft betreffe (S. 355 ff). Ernst Troeltsch entwickelte 1913 in einem längeren Aufsatz die Ansicht, das 19. Jahrhundert habe, anders als die vorherigen Jahrhunderte, einen einheitlichen geistigen Typus der modernen Kultur geschaffen, eine Einheitlichkeit auf ökonomischer und politischer Basis (S. 614-649). Dolf Sternberger (1975) erkennt dies ausdrücklich an und nennt seinen entsprechenden Aufsatz sogar „Gerechtigkeit für das 19. Jahrhundert". „Aber es war nicht alleine eine Epoche der Machtentfaltung, sondern auch und immer eine Epoche der Gewissensentfaltung" (S. 126).

Und in dieser Zeit eines sich entfaltenden Gewissens begannen Frauen, sich literarisch in großem Umfang auszudrücken. Eine der ganz Großen unten ihnen war:

Fanny Lewald. Leben und Werk.

Königsberg war anfangs des 19. Jahrhunderts bereits eine traditionsreiche Stadt. Lewalds Geburtsstadt war ab 1525 Hauptstadt des Herzogtums Preußen, nachdem das Land von einem Ordens- in einen weltlichen Staat umgewandelt worden war. Ab 1701 verlor es den Status einer Hauptstadt, als das Herzogtum Preußen mit dem Kurfürstentum Brandenburg zum Königreich Preußen zusammen geschlossen wurde. Die Albertus-Universität („Albertina") wurde 1544 als bewusst protestantische Universität gegründet und bildete das geistige und auch ein wirtschaftliches Zentrum der Stadt. Von hier aus breitete sich eine Weltoffenheit und Toleranz aus, die neben Immanuel Kant auch Hannah Arendt und viele andere hervorbrachte. Das literarische Leben wurde maßgeblich durch das tolerante Klima Königsbergs geprägt.
Hier wuchs Fanny Marcus auf.

Sie wurde als ältestes von sieben überlebenden Kindern des Ehepaares David und Zipora Marcus am 24.3.1811 geboren. Für ihre Eltern war es eine Liebesheirat gewesen, die sie erst gegen Widerstände durchsetzen konnte. Später schreibt Fanny in ihrer dreibändigen Autobiografie „Meine Lebensge-schichte" (= ML) von einer liebevollen Atmosphäre in ihrem Zuhause: „Wir haben einander sehr geliebt" (ML, I, S. 24) oder: „Wir lebten in einer Atmosphäre der Liebe und der Eintracht" (ML, I, S. 125). Anderer-seits berichtet sie auch von der Strenge und absolu-ten Autorität des Vaters: „Während ich mich so aus-zubreiten und meinen bestimmten Platz in dem Kreise meiner Jugendgenossen einzunehmen be-gann, blieb die strenge häusliche Zucht und des Va-ters eiserner Wille immer über mir schweben" (ML, I, S. 269). Wir dürfen uns ihren Vater vorstellen als einen „gebildeten, charakterfesten Mann, der aber durch seine Haustyrannei und seine seltsamen Erzie-hungsgrundsätze mit seinen Kindern Resultate er-zielte, die seinen Wünschen oft recht entgegenge-setzt waren" (Geiger, 1896, S. 332). In ihrer Autobio-grafie kam ein Weltereignis überhaupt nicht vor: *das Jahr ohne Sommer 1816*. Es entstand durch die Se-rien-Ausbrüche des Vulkans Tambora (Indonesien) im April 1815. Diese Ausbrüche waren stärker und in ihren Folgen verheerender als der bekanntere Aus-bruch des Krakatau 1883. In den Folgejahren gab es eine kleine Eiszeit, es verhungerten weltweit nicht zählbare Menschen, die Winter waren kälter, viele er-froren deshalb. Vielleicht war Fanny mit fünf Jahren zu klein, um diese Katastrophe erlebt zu haben. Viel-leicht aber auch hungerten ihre Eltern nicht und merkten kaum etwas davon. Von Katastrophen ferngehalten werden aber konnte Fanny nicht gänzlich: Sie musste hautnah miterleben, wie die Speicherstadt Königsbergs und damit auch ihr Zuhause abbrannte. Finanziell war das ein vorübergehender Ruin. Denn genau am Tag des Brands war die Feuerschutzpolice abgelaufen, die neue hatte der penibel bis zur Kleinlichkeit denkende Vater nicht unterschrieben, weil er noch Änderungen wünschte. So verbrannte diese Wünsche und die nicht unterschriebene Police mit dem Schreibtisch, auf dem sie lagen (ML, I, S. 25f).

Seit dem 1.4.1817 ging Fanny zur Schule. Und zwar zur Privatschule eines Herrn Ulrich, in der eine buntgemischte Truppe von anfangs nur Mädchen, später auch Jungen aus besser situierten Kreisen aufgenommen werden konnte. Sie lernte dort Geografie, Deutsch, Musik, und in Zusatzkursen auch Französisch, was ihr später sehr zugute kam. Und sie schrieb ihre ersten, gelobten Aufsätze. Zu einem regulären Abschluss kam es nicht, da die Schule 1823 aufgelöst wurde.

Die Eltern waren assimilierte Juden, was den Antijudäismus etwas linderte – aber eben nicht vollständig verschwinden ließ. Deswegen ordnete ihr Vater seinen beiden ältesten Söhnen an, sich taufen zu lassen. Ohnehin scheint das Leben bei den Marcus nicht eben betont religiös gewesen zu sein, denn Fanny berichtet in ihren Erinnerungen: „Ich ging öfters zu Madame Japha hinüber, das heißt eigentlich zu der Tochter ... Von ihr erfuhr ich, dass wir Juden wären" (ML I,

S. 70 f). Das war vor ihrem Schulbesuch, also war sie etwa fünf Jahre alt. Den Übertritt zum Christentum beschloss der Vater. Eigentlich sollten nur die beiden ältesten Söhne konvertieren, aber der mit 15 Jahren „älteste Bruder [erklärte] sehr bestimmt, er wolle nicht zum Christenthume übertreten, wenn die Eltern und Geschwister es nicht auch thäten. Er wolle geistig nicht von ihnen getrennt leben" (ML I, S. 293). Fanny sollte ursprünglich nicht einbezogen werden, denn, so ihr Vater, „Frauenzimmer aber, die weder ihren Beruf noch ihren Mann wählen können, bleiben am besten in den Verhältnissen, in denen sie geboren sind" (ML I, S. 295). Die Brüder wurden 1829 getauft, aber schließlich setzte sich Fanny mit ihrem Wunsch durch. 1831 wurde sie auch getauft. Vielleicht schöpfte Verena von der Heyden-Rynsch aus einer anderen Quellenlage als der Autobiografie, als sie schrieb, „zur Entrüstung ihrer Familie trat Franziska [Marcus] (1811-1889), genannt Fanny, siebzehnjährig zum evangelischen Glauben über" (Heyden-Rynsch, S. 177). Entrüstet war sicherlich niemand (bei ihrer Taufe war die Familie anwesend, ihre Mutter freute sich von Herzen und ihr Vater gratulierte ihr mit seinen wie immer kargen Worten: „Möge es Dir zum Guten gereichen!", ML, I, S. 326). Siebzehnjährig war Fanny außerdem schon lange nicht mehr, denn dann wäre sie ja vor ihren Brüdern getauft worden. Die Familie legte mit der Taufe den Namen Marcus ab und benannte sich ab 1831 nach einer familiären, väterlichen Linie: Lewald. Ähnlich übrigens die

Mendelssohns, die mit der Taufe offiziell den Namen Bartoldy übernahmen. Felix lehnte es aber ab, sich nur Bartoldy zu nennen, so dass er Felix Mendelssohn Bartoldy (bewusst ohne Bindestrich) hieß.

Fanny bleibt nach der Auflösung der Schule zu Hause, bei ihrer kränkelnden Mutter und der insgesamt großen Familie, eine Freundin, Mathilde, spielt noch eine Rolle, insgesamt aber kümmert sie sich schon um den Haushalt, denn: „meines Vaters immer wiederholter Ausspruch, daß die Frau für das Haus geboren sei" (ML II, S. 252), galt natürlich nach

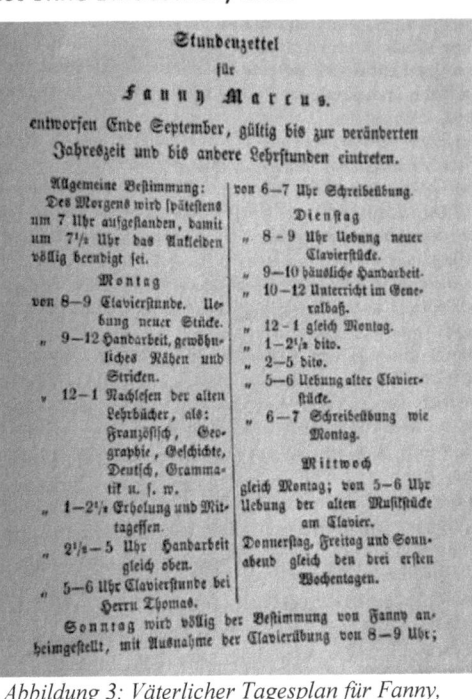

Abbildung 3: Väterlicher Tagesplan für Fanny, aus: ML I, S. 213

dem Schulabgang erst recht. Deswegen entwirft ihr Vater für Fanny einen strengen Stundenplan, der alles Spontane erstickt. Fanny grübelt und findet die Welt ungerecht: Ein Mann „liebt um der Schönheit, um der Liebe willen ... Bei den Mädchen ist das nicht der Fall. Von ihrer frühesten Jugend an wird ihnen die Ehe als ihr einziger Lebensberuf vorgehalten, und wenn sie mit fünfzehn, sechzehn Jahren die Schule verlassen, die Einsegnung überstanden haben, so treten sie trotz ihrer Unfertigkeit als berechtigte Mitglieder in die Gesellschaft ein ... Das zur Liebe vorzugsweise geschaffene Geschlecht soll gar nicht lieben, sondern heiraten" (ML II, S. 199).

Fanny Lewald fragt sich, wie es komme, dass manche Mütter behaupten könnten, meine Tochter sei „noch ein völliges Kind ... Auch Männer selbst haben mir rühmend gesagt, ‚meine Braut, meine Frau ist noch ein völliges Kind'" (ML II, S. 92). Und sie folgert daraus: „Man hat kein Recht, große Charaktere und Vaterlandsliebe, hohe Gesinnung und Mannesmuth, von einem Geschlechte zu verlangen, das zum großen Theil von kindischen Frauen, von unreifen Müttern erzogen worden ist. Es ist, um gar keinen Zweifel über meine Forderung Raum zu lassen, es ist die Emancipation der Frau, die ich für uns begehre, jene Emancipation, die ich für mich selbst erstrebt und errungen habe, die Emancipation zur Arbeit, zur ernsten Arbeit" (ibid., S. 93).

Eine Auseinandersetzung mit dem Vater über diesen Punkt gab es schon, als Fanny noch 15 Jahre alt war. Der Vater war sehr angetan von Goethes 1803 uraufgeführtem Drama „Die natürliche Tochter", das er Fanny als Beispiel für den Gang einer Frau zur Heirat empfahl. Sie empfand allerdings gar nichts für das Stück und sprach deshalb mit ihrer Tante, der jüngsten Schwester ihres Vaters, die „gegen ihre Neigung mit einem vermögenden, aber ungebildeten Kaufmann verheiratet und in ihrer Ehe sehr unglücklich war" (ML I, S. 248). Diese Tante fragte sie nach der Gültigkeit von „Eugenies" Geschick im Drama. Und die Tante antwortete: „Laß Dir doch nichts einreden! Das sagen sie so, weil es ihnen bequem ist! ... Es ist Unfug zu behaupten, dass sich eine Frau an etwas gewöhnen könne, was ihr abstoßend ist. Habe ich mich denn an mein Loos gewöhnt? Ich wusste, daß ich mein Todesurtheil unterzeichnete, als ich mich verheirathete, und ich habe es ihnen gesagt. Aber sie haben mir Alle zugeredet, Alle – und nun bedauern sie mich Alle" (ibid.). Für Fanny stand damit fest: „An jenem Tage aber, in meinem fünfzehnten Jahre, faßte ich den festen Entschluss, mich nie zu einer Heirath überreden zu lassen, und mich nie anders als aus voller Ueberzeugung und Liebe zu verheirathen" (ibid., S. 249)

Und natürlich verliebte sich Fanny auch. Mit siebzehn Jahren lernte sie einen Theologiestudenten kennen, Leopold Bock, der sich um sie bemühte, sie anfangs selten, dann immer öfter und schließlich täglich besuchte, so dass er, der nicht tanzte, sie sogar einmal barsch auf einem Ball anwies, nicht zu tanzen, er tue es ja auch nicht. Was Fanny nicht wusste: Sie war mit ihm verlobt worden, und zwar hatte Leopold Bock bei ihrem Vater um ihre Hand angehalten und eine vage Zusage bekommen (ML I, S. 307), von der Fanny gar nichts wissen sollte. „Wir sahen einander niemals allein. Wir hatten einander auch Nichts zu sagen, was nicht alle Uebrigen hätten hören können. Leopold tadelte mich, wenn ich Freude an Heine's kecken und leichtfertigen Schriften, oder an französischen Romanen zeigte, die seinem reiferen und edlen Sinn widerstanden, ebenso tadelte er meine leidenschaftliche Lust am Tanze, weil er selbst den Tanz nicht liebte" (ML I, S. 290). Auch vom Ende der Verlobung erfuhr Fanny nichts, ihr Vater ordnete eines Tages überraschend an, die ihr von Leopold geliehenen Bücher zurückzuschicken. Sie sah ihn nie wieder: Ein Jahr später starb Leopold Bock nach längerer Krankheit.

Geklärt scheint dieses Verhältnis nie gewesen zu sein. Die Verlobung, der der Vater zugestimmt hatte, sobald Leopold das zweite theologische Examen abgelegt hätte, war so geheim wie die Entlobung. Möglicherweise wollte ihr Vater sie vor einem unheilbar Erkrankten (Schwindsucht) schützen.

Ihre erste große Reise unternahm Fanny mit ihrem Vater im Jahre 1832. Als Weinhändler musste er viel reisen, jetzt wollte er seine Tochter mitnehmen. Brüder und Freunde unkten: Jetzt wirst du verheiratet, aber Fanny erlebte hauptsächlich die Weinregionen am Rhein und im Badischen, von einem Ehe-Kandidaten erfuhr sie nichts. Auf dem Heimweg wurde sie für ein Jahr in Breslau bei Verwandten untergebracht, anfangs schien ihr das sehr zuwider zu sein, dann aber lernte sie ihre Cousinen lieben. Und ganz besonders einen Cousin: Heinrich Simon (1805-1860). Heinrich machte später als Politiker in der Paulskirchenversammlung auf sich aufmerksam, er wurde wegen der Mitgliedschaft in der provisorischen Reichsregentschaft zu lebenslangem Zuchthaus verurteilt, floh aber lieber in die Schweiz, wo er später unglücklich ertrank.

Fanny liebte ihn innig, er aber hielt sie hin und sagte weder ja noch nein, bis er ihr gestand, in eine andere Frau verliebt zu sein.1836 berichtet er ihr das in einem umfangreichen Konvolut eines Briefes. Wer die Geliebte ist, sagt uns Fanny in ihrer Lebensgeschichte selbst nicht. Es handelte sich um eine entfernt Verwandte, Ida Gräfin von Hahn, bekannte Schriftstellerin, die sich nach der Eheschließung mit ihrem Cousin Friedrich von Hahn mit einem Doppelnamen anreden ließ: Ida Gräfin von Hahn-Hahn, die Ehe selbst hielt aber noch nicht einmal drei Jahre. Sie hatte einen sehr manierierten Stil, zudem schrieb sie den Adel besonders schön. Ob es 1836 mehr als anschmachtende Briefe und Blicke gab, ist zu vermuten, aber nicht bekannt. Jedenfalls fand Fanny in ihr eine doppelte Konkurrentin: Als Geliebte ihres Liebsten und als erfolgreiche Schriftstellerin. Fannys Antwort wird später der Roman „Diogena" sein, herausgegeben unter dem Pseudonym „Iduna Gräfin H.-H." Eine satirische Abrechnung, die insbesondere den Stil von Frau von Hahn-Hahn parodiert. Sicherlich eine Arbeit, die eine tiefe Verletzung zeigt. Deswegen ist es auch nicht unerstaunlich, dass zeitgenössische Rezensenten wie Friedrich Kreyßig (1871) die „Diogena" schlicht übergehen oder wie Ludwig Geiger (1896) sie in einem stilitischen Zusammenhang erwähnen.

Den Beginn der Schriftstellerei verdankt sie einem Onkel, August Lewald, Herausgeber der damals verbreiteten Zeitschrift ‚Europa'.

August Lewald war ein Vetter ihres Vaters. Der kam eines Abends im Jahre 1839 mit einer Ausgabe der Europa nach Hause und meinte zu Fanny: „Wenn ich nicht wüsste, daß Du sehr lange dem August nicht geschrieben hast, würde ich behaupten, dieser Artikel ist von Dir" (ML II, S. 313). Tatsächlich hatte Fanny ihrem Onkel so geschrieben, dass er einen Teil ihres Briefes in seinen Artikel eingebaut hatte. Der Bericht sei gut geschrieben, urteilte der Vater. Später erbat dieser Onkel einen Bericht über die Inthronisationsfeierlichkeiten des neuen Königs, Friedrich Wilhelm IV. Und so begann sie die Schriftstellerei.

Ursprünglich hatte Fanny Lewald nicht daran gedacht, als Schriftstellerin leben und so „einen Broderwerb, und damit die Möglichkeit freier und völliger Entwicklung" (ML II, S. 206) schaffen zu können. Später, als sie häufiger Theater besuchte, änderte sich ihre Sicht: „Für mich hatte die Begegnung mit den weiblichen Bühnenkünstlerinnen, noch eine ganz besondere Bedeutung, weil sie mir das Bild einer Unabhängigkeit und einer persönlichen Freiheit vorführte, nach denen meine ganze Seele trachtete (ML II, S. 250). Es entstand eine Entwicklung: die einer Emanzipation von der „Haustyrannei" des Vaters. Sie verlief nicht abrupt, letztlich dauerte es über ein

Jahrzehnt, bis sich Fanny ihren eigenen Weg zu gehen traute. Alleine die Vorstellung, dass eine Frau sich selbst versorgte, war dem Vater völlig fremd: „Während man es für einen jungen Mann als eine Sache der Ehre ansieht, sich sein Brod zu erwerben, betrachtet man es als eine Art von Schande, die Töchter ein Gleiches thun zu lassen, wie das auch in meinem Vaterhause so geschah ... (ML II, S. 192). Aber mein Vater war einmal überhaupt ein Gegner dieser Art von Wohlthätigkeit, und mehr noch ein Gegner davon, daß Frauenzimmer sich irgendwie außerhalb ihres Hauses und ihrer Familie bethätigten" (ML II, S. 212).

1836 passierte das von Fanny vorausgesehene Unvermeidliche: Ihr Vater hatten einen Bräutigam für sie gefunden, „ein Mann in der Mitte der dreißiger Jahre, ein zum Landrat erwählter Assessor, der in einer der unwirtlichsten Gegenden der Ostprovinzen, der Tuchler Heide, seinen Sitz hatte ... Seine untersetzte fette Gestalt, und ein Ausdruck satter, hochmüthiger Selbstzufriedenheit, eine gewisse zuversichtliche und landläufige Sprechweise, und die anmaßende Sicherheit, mit der er sich mit gegenüber vorstellte" (ML, II, S 182 f.) machten ihn selbstredend nicht zum begehrten Partner Fannys. Eine Woche, nachdem ihr Vater Fanny seinen Kandidaten vorgestellt hatte, bat er sie zum Gespräch. Hier nun probte Fanny erstmals Widerstand: Sie lehnte diese „Konvenienzehe" mit einem Satz ab: Sie erklärte, „unumwunden, daß es mir leid thue, meinem Vater seinen

Wunsch und seine Hoffnung nicht erfüllen zu können" (ibid., S. 184). Der Vater probierte es, gab dann aber der Tochter nach und versuchte, in einem guten Verhältnis zu ihr zu bleiben. Die Mutter hingegen war sehr verstimmt, bis zu ihrem Tod am 6.12.1841 nahm sie ihrer Tochter diesen „Affront" übel.

Damit waren die Äußerlichkeiten geklärt und Fanny konnte sich ohne Druck dem Schreiben zuwenden. Sie hatte schon früher geschrieben: Als 1834 ihrer kleineren Schwester (in ihren Erinnerungen schreibt Fanny ganz unpersönlich: „Eine meiner jüngeren Schwestern, ein schönes, begabtes Kind", ML II, S. 150) ein Auge entfernt werden und sie danach im Dunkeln liegen musste, erzählte Fanny ihr die eigene Dichtung von „Tante Balta", der Ostsee. Später schrieb sie die Erzählung auf, Gabriele Schneider (1996, S. 43) hat das Faksimile dieser Erzählung gefunden.

In einem längeren Gespräch (ML II, S. 388 ff) erklärt sich der Vater bereit, ihr die Möglichkeiten zum Schreiben einzuräumen, obwohl das bekanntermaßen gegen seine Überzeugungen verstieß. Fannys erstes Auftragswerk war von August Lewald für die Europa vorgesehene Darstellung der Krönungsfeierlichkeiten von König Friedrich Wilhelm IV 1840. Später bringt ihr Vater ihren ersten Verdienst, acht Taler, als sie ihm von Romanplänen erzählte. „'Und Du denkst also wirklich daran, eine größere Arbeit anzufangen, Du willst also Schriftstellerin werden?' – ,Ja! Wenn Du nichts dagegen hast, lieber Vater!' Er zuckte mit den Schultern, wie er es immer zu thun pflegte, wenn er sich in Etwas fügte, was ihm nicht lieb war" (ML II, S. 397).

Damit war Fanny Lewald beginnende Schriftstellerin und schrieb ihren ersten Roman, Clementine, der, so die Bedingung des Vaters, anonym erscheinen sollte. Sie zog nach Berlin, wo sie anfangs bei einer Tante in ärmlichen Verhältnissen, aber frei leben konnte.

Clementine erschien 1842 und hatte einen überraschend großen Erfolg. Im Jahr darauf erschien, ebenfalls bei Brockhaus, ihr zweiter Roman *Jenny*, in der Erstauflage anonym, aber als „von der Autorin der Clementine" gekennzeichnet.

Beide Erstlinge sind Themenromane mit starkem biografischem Bezug. In der *Clementine*, einem Kurzroman von knapp 100 Seiten, wendet sich Fanny Lewald gegen die Konvenienzehe, gegen die sie sich auch entschieden hatte. „Also weil der Herr Geheimrath mich gestern geistreich gefunden hat, soll und muß ich ihn heirathen?" Mit dieser amüsiert vorgetragenen Frage beginnt der Roman. Später schreibt sie: „Die Ehen, die ich täglich vor meinen Augen schließen sehe, sind schlimmer als Prostitution. Erschrick nicht vor dem Wort, da Du mich zu der That überreden möchtest. Ist es nicht gleich, ob ein leichtfertiges, sittlich verwahrlostes Mädchen sich für eitlen Putz dem Manne hingiebt, oder ob Eltern ihr Kind für Millionen opfern? Der Kaufpreis ändert die Sache nicht" (S. 11). Clementine liebt einen Robert, der diese Liebe aber erst übersieht. Sie heiratet dann doch aus Vernunftgründen und weist den ehemals Geliebten ab, als der später seinen Irrtum bemerkt. Mit dieser Wendung zeigt sie, welch Unglück aus nicht in Liebe geschlossenen Ehen entstehen kann. „Das Weib ist kein todter Besitz, der heute aus den Händen des Einen in die des Anderen übergeht; ganz, ungetheilt, frei und frisch an Geist und Leib muss sie dem Manne gehören. Daß ich mit getheiltem Herzen Meining's Frau wurde, das ist das Unrecht, welches mein Leben zerstört und alle meine Leiden und jetzt auch die Deinen hervorgerufen hat. Ich that es, weil man mich überredete, es sei Pflicht; weil ich glaubte, ich könnte Dein vergessen und frei werden" (S. 81). Überraschend zeigt sich hier wie in so vielen anderen Romanen und in ihrem Leben eine Ambivalenz: Für die Selbstbestimmung der Frau zu kämpfen, aber auch an Konventionen festzuhalten, der dem Vater oder Ehemann eine sehr starke Macht zuerkennt.

Ihr zweites Buch *Jenny* ist ein hochkomplex gestalteter Roman, in dem zwei Familien antagonistische Positionen beziehen, aber auch innerhalb der Familien stark entgegengesetzte Haltungen zu finden sind. Es ist einerseits die sehr reiche jüdische Familie Meier mit den beiden Kindern Jenny und Eduard, andererseits die Familie Horn mit den Kindern Clara und Ferdinand. Vater Horn ist auch Geschäftsmann, hat wie seine Tochter Clara keinerlei Vorbehalte gegen Juden, ja, er hat mit dem Geld des Bankiers Meier sein Geschäft überhaupt erst begründet. Ferdinand und seine Mutter sind hingegen komplett in das antijüdische Denkmuster verfallen, die Mutter verbot ihrer Tochter Clara, zu Schulzeiten mit ihrer Freundin Jenny zu spielen.

Eine dritte Gruppe spielt eine Rolle: Der Theologiestudent Reinhard und seine Mutter, eine Pfarrwitwe. Erkennbar neigt Reinhard zum Pietismus. Dazu muss erwähnt werden: Das Buch spielt um 1832, die Neigungen des Königs Friedrich Wilhelm IV zum Pietismus waren zum Zeitpunkt der Niederschrift natürlich bekannt, Pietisten haben ein den Juden gegenüber vorurteilsloses Verhalten. Das zeigt sich auch am Theologiestudenten Reinhard, dessen bester Freund eben Jennys Bruder Eduard ist und der für Jenny als Hauslehrer engagiert wird. Allerdings ist seine Mutter stark antijüdisch geprägt.

In diesen vielen Beziehungssträngen verlaufen zwei Liebesgeschichten: Die von Jenny mit Reinhard und die von Clara mit Eduard. Reinhard hat keine Vorurteile gegen Jenny als Jüdin, aber gegen ihren familiären Reichtum, der seinem asketischen Ideal völlig widerspricht. Schon die Verlobungsfeier an Silvester ist ihm zuwider. Nach lang ausgehaltenem Zerwürfnis wird die Verlobung gelöst. Viel später, auf einer Fahrt mit dem Vater, verliebt sich Jenny erneut, in den protestantischen und liberalen Graf Wolfgang, der sie auch von Herzen liebt. Zuhause fordert er einen anderen Adligen, der Jenny als Jüdin verhöhnt zum Duell, in dessen Verlauf Wolfgang erschossen wird – eine Parallele zum Schicksal Heinrich Simons, der in

Haft wegen einer Tötung im Duell war. Jenny stirbt vor Kummer.

Auch die Liebe zwischen Clara und Eduard endet traurig. Claras judenhassende Mutter verhindert die Liebe und zwingt sie zu einer Ehe mit ihrem englischen Vetter.

In diesem Roman spielt das Jüdischsein nur im Glauben, nicht in der Abstammung eine wichtige Rolle. Erstaunlich, in den Worten von Ulla Schacht (2001, S. 8) gar ein „unverzeihlicher Fehler", ist, dass Gabriele Schneider (1993) bei allem Quellenreichtum als Grundlage ihrer Analyse nicht die von Fanny Lewald selbst autorisierten Ausgaben zur Basis gemacht hat, sondern die von Therese Erler 1967 in der DDR besorgten Ausgabe, in der das Buch um „einige der ermüdenden Gespräche über Religion", so Erler im Nachwort, gekürzt wurde. Das ist bedauerlich, denn gerade diese Gespräche zwischen Jenny und Reinhard beschreiben konkret ihre Situation. Besonders der erwartete und durch Unterricht eingeleitete Übertritt zum Christentum macht Jenny sehr zu schaffen. Die Erlersche Jenny ist intellektuell dünn.

Es gibt in diesem Buch zwei Antagonismen oder Dichotomien: Die eine zwischen Clara und Eduard, zwischen Pflicht und Ehre, und die zwischen Jenny und Reinhard: Wahrheit und Glaube. Eduard will und kann Clara nicht heiraten unter den Bedingungen des preußischen Eherechts, Clara will und kann ihm nicht wie vorgeschlagen nach Amsterdam folgen, um dort komplikationslos, aber ohne elterlichen Segen, zu heiraten. Aufschlussreich ist in Claras Abschiedsbrief an Eduard diese Passage, die alles umfasst: „Sie bindet die Ehre an Ihr Volk, mich die Pflicht an meine Eltern … Ich wähnte, Liebe sei allmächtig, nun sehe ich, dass sie vor Pflicht und Ehre sich beugen muss" (Jenny, S. 147).

Ähnlich wird ein Keil zwischen Jenny und Reinhardt durch den Glauben geschlagen, der für Reinhardt ernst und nicht hinterfragbar ist. Er bittet seine Verlobte, noch vor der Trauung gemeinsam das Abendmahl einzunehmen, was Jenny nicht kann, weil es ihr geheuchelt erscheint.

Dieses Buch ist in seiner Auslegung und Darstellung ein umwerfend gutes Stück Literatur (und wohl auch deswegen im Reclam-Verlag in der Reihe „Klassikerinnen" neu aufgelegt), das nebenbei die Trennung zwischen den Glaubensrichtungen trotz aller Versuche um Verständnis in einer Zeit der Intoleranz exemplarisch beleuchtet.

Diese beiden Romane wurden große Erfolge. Fanny Lewald war damit finanziell unabhängig und konnte wieder auf Reisen gehen. Vorher wurde sie noch um einen Beitrag für einen „genealogischen Kalender" gebeten, hierfür schrieb sie die Novelle „Der dritte Stand". Erstaunlicherweise machte die Zensur ihr jetzt einen Strich durch die Rechnung: Der Artikel wurde verboten, es gab nur die Möglichkeit, den Kalender ohne diese Novelle zu veröffentlichen oder gar nicht. Fanny Lewald war grundsätzlich bereit, Änderungen vorzunehmen, um den mit ihr befreundeten Herausgeber nicht zu schädigen, da widerrief die Zensurbehörde ihre Entscheidung und teilte mit, „daß man die Angelegenheit nicht weiter verfolgen wolle, weil die Novelle ‚von einer Frau' geschrieben sei" (ML III S. 232). Das empörte Fanny Lewald über alle Maßen, diplomatisch wand sie ein: „Es handelt sich, wie mich dünkt, bei einem Kunstprodukt nur um das Geschaffene und nicht um den Schöpfer" (ibid.). Zum Ende ihrer Aufzeichnungen berichtet Fanny Lewald über die Entstehung ihres Romans *Diogena*, diese bissig-satirische Auseinandersetzung mit ihrer doppelten Nebenbuhlerin Ida Gräfin von Hahn-Hahn. 1846 hatte die Doppel-Hahn den Roman *Clelia Conti* veröffentlicht. In diesem Roman stirbt die Heldin an einem „Nervenschlag". Und damit „war ihr e i n Schmerz wenigstens erspart, der empfindlichste von allen, weil er den Menschen zu einer Zeit trift wo kein Trost und kein Ersatz mehr für ihn sich findet: näm-lich die Erkenntniß, daß der Trank im Kelch des Glücks einen Bodensatz zurückläßt" (1846, S. 336). Genau diese überschwängliche Darstellung persifliert Fanny Lewald auch heute noch lesenswert. Den Roman gibt es heute noch als Reprint im Outlook-Verlag.

Mit dem Beginn eines längeren Italienaufenthaltes ab 1846/8 bricht ihre Autobiografie ab, sie wird fort-gesetzt am ehesten durch das „italienische Bilder-buch" und den „Winter in Rom".

Die *Diogena* wurde 1847 veröffentlicht. Ihre Mutter starb kurz vor Erscheinen ihres ersten Buches, ihr

Vater 1846, während Fanny sich in Neapel befand. Sie bekam die Nachricht, als er bereits beerdigt war.

Zum Jahreswechsel 1845/6 lernte sie in Rom den Oldenburger Kunsthistoriker Adolf Stahr kennen. Er wurde die Liebe ihres Lebens. Stahr allerdings war verheiratet und hatte fünf Kinder, eine *menage a trois*, wie von ihm vorgeschlagen, kam für Fanny nicht in Betracht. Es dauerte bis 1855: Dann war die Scheidung durch und Fanny Lewald konnte 44jährig heiraten. Die beiden zogen nach Berlin, zwei der Söhne Adolf Stahrs zogen mit in das Haus. Jetzt hatte Fanny Lewald alles, was sie sich ersehnt hatte: Unabhängigkeit, ein großes Haus, einen festen Freundeskreis, der sich zum „Montagskreis" in ihrem Salon traf, ein eigenes Einkommen und ihre große Liebe an ihrer Seite. Unter diesen Bedingungen schrieb sie Roman nach Roman, fast unermüdlich, und führte eine große Korrespondenz. Ende der sechziger Jahre ermüdet sie dann doch etwas. Sie vertraut am 19.11.1868 ihrem Tagebuch an (Gefühltes und Gedachtes, abgek. GG, S. 122 f): „Ich betreffe mich oft an einer Unlust am Leben, die sicherlich eine Folge der abnehmenden Kraft ist. Ich habe nichts mehr, was ich eigentlich erreichen möchte, erreichen müsste, und weil mein ganzes Leben ein rastloses Müssen und ein energisches Arbeiten gewesen ist, kommt es mir unnütz vor, seit ich dieses eiserne Müssen nicht mehr vor mir habe. Dazu fehlt mir der Glaube an meine Lebensdauer, so daß ich nicht mehr den Mut habe, eine größere Arbeit zu beginnen".

Allerdings erscheinen nach 1868 noch zehn, zum Teil mehrbändige Romane (unter anderem ihr Alterswerk, „Die Familie Darner" in drei Bänden), sehr viele Novellen und etliche Streitschriften zur Frauenfrage.

„Josias. Eine Geschichte aus alter Zeit" ist das letzte zu ihren Lebzeiten erschienene Buch von ihr: 1888. Zwölf Jahre zuvor war ihr Mann während einer Kur in

Abbildung 4: Vielleicht hatte Fanny Lewald diesen Blick auf die Matthäikirche

Wiesbaden gestorben. Adolf Stahr war schon immer kränkelnd gewesen, ihre Bekanntschaft gründete auf seiner Krankheit: Er ließ sich deswegen als Lehrer beurlauben und tourte durch Europa.

In Berlin lebte das Ehepaar lange in der Matthäikirchstraße, dort hatte sie ihren Salon (Stöver, S. 134). Das Haus gibt es nicht mehr. Es stand etwa da, wo heute die Staatliche Gemäldesammlung ihre Bleibe hat.

Erstaunlich: Ich saß in der Cafeteria der Gemäldesammlung nach dem Besuch einer Ausstellung über Frans Hals und suchte als nächsten Programmpunkt nach der Adresse von Fanny Lewald, um mir den Platz anzusehen. Und stellte fest: Etwa da, wo ich gerade saß, die Matthäi-Kirche schräg im Blick, muss sie gewohnt haben. Ich wusste es vorher nicht.

Fanny Lewald beschäftigte sich in den letzten Jahren ihres Lebens mit Stilfragen und unvermindert der Emanzipation der Frau. So schreibt sie am 30. 1.1876 (GG S. 214) zum Thema Sinn- und Sittlichkeit im Roman: „Man kann nebenher dem Element der Sinnlichkeit seinen vollen Raum zugestehen, ohne die sinnliche Neugier der Jugend und sie abzustumpfen gegen das Unsittliche". Am 3.10.1876 starb Adolf Stahr. Und für zwei Jahre gibt es in ihren Erinnerungen kein anderes Thema als diesen Verlust. Erst dann beginnt Fanny Lewald wieder selbstständig zu arbeiten.

Auf einer Reise nach Dresden zu ihrer Schwester Minna Susanne Minden verstarb Fanny Lewald am 5.8.1889. Sie wurde beigesetzt an der Seite ihres Mannes in Wiesbaden.

Die Frage ist: Können wir Autobiografien, zumal solche, die in zwei Auflagen leichten Änderungen unterzogen wurden, einfach als Realität oder müssen wir sie als Fiktion hinnehmen? Aus eigener Erfahrung wissen alle, dass wir Biografisches schon „ordnen", sei es bei Bewerbungsschreiben oder beim Kennenlernen von anderen, insbesondere bei Kontaktanzeigen. Natürlich wird es bei Fanny Lewald auch so sein, dass wir nicht alles 1:1 übernehmen können. Ludwig Geiger, Herausgeber ihrer nachgelassenen Schriften „Gefühltes und Gedachtes", schreibt dazu in seinem

Buch „Dichter und Frauen" (1896, S. 332 f): „Zwei Vorzüge müssen diesem langathmigen Werk, zu dessen Lectüre viel Zeit und Geduld gehört, nachgerühmt werden: absolute Wahrheitsliebe, die kein Fältchen des Inneren verbirgt, und die schon gerühmte Geschicklichkeit der Porträtmalerei". Da Geiger Fanny Lewald kannte und oft bei ihr „am reich gedeckten Theetisch" saß, können wir die Einschätzung akzeptieren.

Die jüngere Literaturwissenschaftlerin Sarah Alice Nienhaus, geboren knapp 100 Jahre nach Fanny Lewalds Tod, sieht das erheblich kritischer. Das Kapitel zu Fanny Lewald in ihrem Buch „Entscheidungen erzählen" (2022, S. 129-250) liest sich zu Fanny Lewald sehr distanziert. Sehr selten nur wird von ihrer *Autobiografie* (sechsmal) oder von ihr als *Autobiografin* (zwölfmal) geschrieben, fast permanent wird Fanny Lewalds Buch als „autobiografisches Projekt" beschrieben, oft in zwei Zeilen direkt hintereinander. Die Autobiografin wird „Erzählerin" oder meistens „autobiografische Figur" benannt, einmal bezeichnet die Darstellerin ihres Interpretationsprojekts Lewalds Autobiographie als „Erzählung" (S. 206).

Nienhaus beschreibt in ihrem Interpretationsprojekt narrative Fiktion: „Die Erzählerin betont stetig, dass ihre autobiografische Figur, bis zur Entscheidung gegen eine Versorgungsehe, unfähig gewesen sei, alle richtungsweisenden, berufsentscheidenden Zeichen zu deuten, da diese das doktrinär vermittelte ‚patriarchalische Verhältnis' internalisiert habe ... Kulturpolitisch erscheint Lewald-Stahrs autobiografisches Projekt als ein kulturkonstitutiver Entwicklungsprozess" (S. 154). Am Beispiel der Verweigerung einer Konvenienzehe insinuiert Nienhaus eine gewollte fiktiv-faktuale Entwicklung, die begonnen habe, als die 15-jährige Fanny ihre Tante traurig mit dem in der Familie bekannten Los einer todunglücklichen Ehe hadern erlebte. Die Entscheidung der Pubertierenden, die damit rechnen musste, ab dem kommenden Jahr verheiratet zu werden, erscheint dennoch in diesem Interpretationsprojekt als kaum nachvollziehbar: „Dadurch kann das zukünftige Lesepublikum die Autobiografie gewissermaßen als ‚emanzipatorische' Ratgeberliteratur" (S. 183, die Anführungszeichen umklammern tatsächlich nur *emanzipatorisch*). Und weiter: „Mit den in diesem Kapitel vorgestellten Eheentscheidungen wird schließlich ersichtlich, weshalb eine systematische Trennung zwischen Berufs- und Eheentscheidungen notwendig ist, um die Entscheidungsressourcen mit den jeweils unterschiedlichen Qualitäten analysieren zu können" (S. 185). Dass später der Vater der heranwachsenden Fanny Goethes Drama ‚Die natürliche Tochter' empfahl, in dem sich die Hauptfigur zu einer Ehe ohne Liebe durchringt, und Fanny den Text zurückwies, sieht im Interpretationsprojekt als Fiktion aus.

Störend an dem Projekt von Sarah Nienhaus ist unter anderem die elaborierte Sprache. Die Bedeutung des allerorten gebrauchten Diegese oder abgeleitet diegetisch und auch in den Unterformen auto- und heterodiegetisch passt in ihrem Interpretationsprojekt nicht immer punktgenau (vergl. Genette, Martinez). Interessante Vorstellungen wie „Befähigungsinventur" (S. 143) oder „Wissensmöbel" (S. 170) machen das Interpretationsprojekt hingegen spannend. Dass „etwaige postalische Entscheidungsdokumente einer potenziellen Publikation harren" sollen, ist für diese: *Briefe*, denn darum handelt es sich ja, schon bitter: Sie harren, was normal ist, nicht nur der Publikation, sondern sogar nur einer *potenziellen* Publikation. Überaus deprimierend für diese postalischen Entscheidungsdokumente.

Wir können also nach persönlichem Gusto entscheiden: Entweder Geiger folgen und die absolute Wahrheitsliebe als gegeben sehen, oder im Interpretationsprojekt nach Nienhaus mehr Fiktion als Faktizität sehen. Vielleicht ist eine Mitte der Wirklichkeit am nächsten: Die Lebenserfahrung zeigt, dass wir bestimmte Ereignisse konstitutiv für unser Leben sehen. Und wenn eine 15-Jährige im Tor zur Ehe, die nämlich grundsätzlich im nächsten Jahr verheiratet werden könnte, was im Interpretationsprojekt keine Rolle spielt, das abschreckende Beispiel einer Konvenienzehe am Beispiel ihrer Tante sieht, dann mag das schon sehr prägend sein, auch wenn im Rückblick dieses Erlebnis noch deutlicher beschrieben sein wird: Es mag dennoch Prägung und nicht nur Fiktion sein.

Geiger sieht Lewald und vor allem ‚Meine Lebensgeschichte' nicht kritiklos: „Man darf sich nicht verhehlen, daß die Lectüre dieses viel zu groß angelegten Werke neben dem Genuß, den sie verschafft, auch manches Unerquickliche bietet (S. 333).

Fanny Lewald hat viel erlebt. Die Revolutionen 1830 und 1948, die Entwicklung des schnelleren Drucks, den Telegraphen, das bequemere Reisen im Zug in zeitlich erreichbare Gegenden. Vor allem hat sie sich mit aktuellen Gegebenheiten auseinandergesetzt. In ihren Romanen beschäftigt sie sich eindringlich mit der sozialen Frage. In „Der dritte Stand" (1845), „Auf rother Erde" (1850), „Das Mädchen von Hela" (1850), „Nella" (1870) oder „Vater und Sohn" (1881) bearbeitet sie soziale Spannungen, oft auch gegen die öffentliche Meinung.

„Der dritte Stand" wurde anfangs wegen dieser Passage von der Zensur verboten: „Wenn ich im Winter recht behaglich in meinem Zimmer bin, sagte Eduard, und durch die Scheiben blickt ein kummervolles, blasses Frauengesicht, oder ein Mann, dem das Elend aus allen Zügen spricht, so frage ich mich immer: warum kommt er nicht herein und nimmt mir den warmen Rock, da ich mehrere habe und ihm keinen davon gebe, obgleich ihn friert? Warum soll denn nicht die Frau mit dem Kaffee, der vor mir dampft, ihre hungernden und frierenden Kinder erquicken, ohne daß sie mich darum fragt, da mich nicht friert und nicht hungert, auch wenn sie mir's nimmt? Ich hätte kaum den Muth, diejenigen des Diebstahls anzuklagen, die der Instinct der Selbsterhaltung, der heiße Trieb der Mutterliebe zu dem veranlaßt, was uns ein Verbrechen erscheint. Weil man zu engherzig ist, den Armen auf der Erde zufrieden zu stellen, verweiset man ihn auf den Himmel, wo die Huld Gottes ihm Glück gewähren soll" (S. 95). Einige Seiten später ist eine in meinen Augen noch deutlichere Darstellung der Ungerechtigkeit, als „ein stelzbeiniger, ordengeschmückter Invalide" die Treppe hochkroch, um bei dessen Krönung nahe am König zu sein. Der Invalide wird vertrieben, er störe nur. „So geht's in der Welt: Ich habe mich zum Krüppel schießen lassen für den Vater, und nun der Sohn einzieht, und man doch auch sehen möchte, ob er dem Vater ähnelt, jagt man den Invaliden fort" (S. 100). Eine massive Kritik, die unzensiert hätte erscheinen können. Dass diese Novelle veröffentlicht werden durfte, weil sie von einer Frau geschrieben sei (und damit offensichtlich belanglos und ungefährlich), verbitterte Fanny Lewald.

In „Auf rother Erde" stellt sie in eine doppelte Rahmenhandlung die Liebe zwischen Marie, dem Kind reicher Bauern, und Anton, dem Sohn eines Geheimrats, der in die Nationalversammlung (Paulskirche) gewählt wurde. Der Vater hat sich mit der Situation abgefunden und kämpft nicht mehr um liberale Ideen, was Anton so verbittert, dass er sich von den Eltern trennt. Im Rahmen der Revolution kommt es zu gewaltsamen Auseinandersetzungen, Anton wird schwer verletzt, erhält aber auf dem Krankenlager den Segen zur Ehe mit Marie. Dem inneren Rahmen entspricht die Auseinandersetzung zwischen den beiden Vätern. Fanny Lewald zeigt sich hier als tagespolitisch auf dem Laufenden, denn sie lässt den Bauern Kunz Schmidt die drei Forderungen der „unteren Stände" darstellen: Abschaffung der Militärpflicht und Einführung der Volksbewaffnung; Zollfreiheit; Abschaffung adeliger Privilegien (S. 15). Und später, als der Geheimrat sie warnt, „dann seht zu, wie ihr euch vor dem Kommunistengesindel schützt", antwortet Schmidt: „Vor dem, was einmal kommen kann, sperr ich mein Tor nicht zu. Unsere schlimmsten Kommunisten, die wir im Land haben, das sind alle diejenigen, die reich werden auf unsere Kosten, die fett werden von unserem Schweiß, und die von oben auf uns herabsehen, weil wir sie da oben unterhalten mit unsrer Hände Arbeit" (S. 19). Fanny Lewald lässt diese Geschichte bewusst nicht in den großen Städten spielen, sondern in der Provinz in der Nähe von Iserlohn, um zu zeigen, dass auch dort die Revolution angekommen war.

In diesen beiden Romanen schildert sie Situation des „dritten und vierten Standes", also der Arbeiter und Bauern, in einer Zeit heftiger politischer Auseinandersetzungen.

Der Roman Nella (1870) hat den Untertitel „Eine Weihnachtsgeschichte", was etwas irreführend ist: Nur ein einziger Absatz auf S. 382 hat etwas mit Weihnachten zu tun, aber hier ist das Ziel.

Der überaus reiche Fabrikant Vandermehren, wie alle seine Vorfahren Peter Aegidius mit Vornamen, lebt

alleine und bittet Livia, „deren erste Jugend lange vo-
rüber ist" (S. 22) zur Frau. Sie ist weder reich noch
„von Abstammung", sondern, als Professorentochter
gebildet, Gouvernante bei Freunden. Außerdem ist
sie sehr hübsch und durchsetzungsfähig. Sie willigt
dem Antrag ein, allerdings unter der Bedingung, dass
er niemals Forderungen daraus begründet, dass er
ein „alterndes und mittelloses Mädchen" zur Frau genommen habe. „‚Welche ein Charakter!' rief Vandermehren aus, als er den Brief beendet hatte. ‚Welch
eine Offenheit, welch eine Gradheit!'" (S. 24). Aus
der Ehe entsteht ein Sohn. Hier setzt sich Livia erstmals geschickt durch: Er wird nicht Peter Aegidius
heißen, sondern Aurel. Gestillt wird er von der Amme
Gertrud Falkmann, die Frau eines Webers in Vander-
mehrens Fabriken. Vier Jahre später bekommt Gertrud ein eigenes Kind, ein Mädchen, dass sie Petro-
nella nennt: wie Aurel geheißen hätte, wäre er ein
Mädchen geworden. Aurel will „seine Schwester" zu
sich nach Hause holen, begnügt sich aber damit, sie
kennenzulernen: „Und sich weit überbiegend, legte
er seine Hand vorsichtig tastend auf das Gesicht der
Kleinen. Die Wärme schien ihn ebenfalls zu überra-
schen. Er küßte die Wangen des Kindes, er fasste
seine Händchen an und küßte auch sie" (S. 51 f).
Beide Kinder wachsen fast zusammen auf, auch wenn
Aurel einen Hauslehrer hat und oft weg ist. Aurel er-
leidet bei einem Handgemenge (ein vorlauter Junge
will Nella schlagen) eine fast tödliche Kopfverletzung.
Sein erstes Wort nach dem Aufwachen aus dem

Koma ist auf die Frage seiner Mutter: „„Willst du Etwas, mein Herzenssohn?' … ,Das Nellchen'" (S. 75). Während einer von Aurels Abwesenheiten streift die mittlerweile zwölfjährige Nella durch einen Wald und wird Zeugin eines Selbstmords. Der Arbeiter Savion und Emma, die Tochter des geschäftsführenden Fabrikdirektors, erschießen sich draußen auf dem Felde. Emma sollte gezwungen werden, jemanden Passenden zu heiraten, auf keinen Fall einen sozialistischen Arbeiter. Sie sieht die beiden sich umarmen, sich küssen, und umklammern und ihr fällt auf: Sie verabschieden sich – genau wie Aurel vor seiner Reise zum langen Aufenthalt in der Schweiz sich von ihr verabschiedet hatte. Und dann fallen zwei Schüsse.

Livia setzt nun alles dran, Nella aus dem Blickfeld des Sohnes zu vertreiben, denn mittlerweile sind sie noch reicher geworden, bauen statt eines neuen Wohnhauses gleich ein Schloss auf einem Hügel als Wohnraum für sich – da passt Nella nicht mehr dazu. Das Mädchen versteht, denn Zeit ihres Lebens hat sie zu hören bekommen: „Du gehörst hier nicht hin!" Sie geht also als Schülerin in ein Internat, das eine Freundin von Livia leitet. Sie wird beste Schülerin und schon mit siebzehn Jahren Lehrerin an dieser Schule. Peter Aegidius Vandermehren wird zur Einweihung des Schlosses, Aurel ist von seinen Studien aus der Schweiz zurück, durch den „Oberpräsidenten" im Namen des Königs geadelt, längst ist er auch mittlerweile im Parlament. Hier zeigt sich die geschickte Darstellung Fanny Lewalds: Vandermehren meint es möglicherweise aufrichtig, als er seinen Freunden sagt, für sie ändere sich gar nichts, nun er so weit über ihnen stehe. Aber gerade dadurch betont er die Distanz. Die Stimmung beim Essen wird langsam frostiger und stiller, Vandermehren bemerkt es nicht. Später stellt sich heraus, dass der Oberpräsident selbst die Adelung vorangetrieben habe, denn er habe etliche unverheiratete Töchter zu Hause: Nun ist Aurel *von Stand*. Er versucht, mit Nella in Kontakt zu treten, letztlich wird es durch seine Eltern desavouiert und Nella schlägt vor, unbekannt auf die Krim zu ziehen, wenn Vandermehren die Kündigung ihres Vaters zurückziehe. So wird sich geeinigt und auf das Verständnis Aurels gehofft. Der aber überwirft sich mit seinen Eltern, auch der Hinweis der Vater selbst habe doch eine Gouvernante geheiratet, verfängt nicht: Der Vater erklärt, keinen Sohn mehr zu haben. Aurel fängt in einer anderen Firma an, schafft dort große Erfolge, sucht aber unentwegt nach Nella. Nach zwei Jahren sind die Eltern überzeugt, gegen die Liebe ihres Sohnes nicht anzukommen, heimlich knüpft Livia Beziehungen, versucht sich mit ihrem Sohn auszusprechen. Zu Weihnachten erklärt der sich bereit, seine Eltern zu besuchen. Und es findet eine große Weihnachtsfeier statt:

„Die Thüren des großen Saales waren weit geöffnet, in Mitten des prächtigen Raumes erhob sich der mächtige Tannenbaum in seinem frischen Grün. Von seinem Fuß bis zu seinem Gipfel, von allen seinen Zweigen strahlte funkelnd das helle Licht hernieder, daß es fast die Augen blendete; und vor dem Tannenbaume, an derselben Stelle, an welcher der Oberpräsident sich einst erhoben hatte, um es auszusprechen, daß dem Fabrikanten und Kaufmann Herrn Peter Aegidius Vandermehren durch die Gunst seiner Majestät des Königs der Freiherrn-Titel verliehen worden sei, eben an derselben Stelle, dicht vor dem Tannenbaume, standen heute der Weber Christian Falkmann mit seiner Frau in ihrem besten Sonntagskleide, und zwischen ihnen stand in aller ihrer Schöne, das goldene Haar vom Lichterglanze wie mit einem Strahlenschein umgeben, ihr einziges Kind, die Ersehnte, die Geliebte – Nella!" (S.382).

Das ist ein klassisches Lewald-Ende, die Vollendung des Artikels 3 des Rheinischen Grundgesetzes: *Et hätt noch emmer joot jejange*. Kern ist aber nicht nur die Liebesgeschichte, sondern auch die Demokratisierung der Welt: Während sich Savion und Emma noch nicht anders zu helfen wussten als durch einen Selbstmord, konnten Aurel und Nella diese Schranken schon überwinden. Die gesellschaftlichen Barrieren nicht nur zwischen den Ständen, sondern auch zwischen den Klassen werden porös. Der Roman beginnt sogar mit einem Ende: Es wird das „seit dreißig Jahren aufgegebene Schloss" gezeigt, zu Anfang durch die Zimmer geführt, die zum Ende noch einmal wichtig werden. Aurel und Nella also haben sich von der bedrückenden geistigen Enge getrennt.

Ein anderer, bereits 1860 erschienener Roman „Das Mädchen von Hela" hat nicht ein so glückliches Ende und trifft damit die damalige Ständesituation deutlicher. Hela ist eine sandige Halbinsel vor Danzig, die kaum anders als per Schiff zu erreichen ist. Im Roman wird anfangs die urbane Situation mit Dörfern und einer „Stadt" geschildert: „Gegenwärtig ist die Insel, wie die Helenser ihre Düne noch heute nennen, von etwa zwölfhundert Menschen bewohnt, die in vier kleinen Dörfern und dem Städtchen Hela vertheilt leben" (I S.2). Lewald schildert schon mit dieser kurzen Einführung die abgeschlossene Lebensweise und damit die hohe soziale Kontrolle. Hier schleppt sich eines Tages eine Schwangere aus Danzig in einsetzender Dunkelheit nach Hause. Sie ist die letzte überlebende Tochter von ehemals 14 Kindern eines Fischerpaares. Ihr Vater ist gestorben, die Mutter lebt in nackter Armut. Die Frau, in zweiter Ehe mit einem später gefallenen spanischen Soldaten verheiratet gewesen, gebiert eine Tochter und stirbt dabei. Diese Tochter, Katharina wie ihre Mutter getauft, wächst bei ihrer Großmutter in brutaler Drangsal auf. Katharina versteht als Kind nicht, weshalb das Christkind, das allen Nachbarskindern etwas zu Weihnachten bringt, ausgerechnet sie auslässt. In ihrer Verzweiflung zeigt ihr die Großmutter dann den Schmuck, den sie als Erbe ihrer Tochter Katharina erst später geben sollte: Eine Korallenkette und zwei goldene Ohrringe, die sofort aber wieder versteckt werden. Christian, der Sohn des Dorfschulzen, hat ein Auge auf sie geworfen, wobei anfangs nicht klar wird, ob aus Zu- oder Abneigung. Als der Schafhirte des Dorfes stirbt, wird ihr dessen Aufgabe übertragen. Zum einen will man sich großzügig zeigen und dem Mädchen ein Minimum an Verdienst zuerkennen, zum anderen ist sie den anderen in der Schule so weit voraus, dass es Neid erweckt. Sie zieht mit Pinor, dem Hund des verstorbenen Hirten in den Wald und sieht aus dem Meer eine Stadt wachsen, die nach einiger Zeit aber wieder untergeht. Sie erzählt das ihrer Oma, die diese Sage als Wahrheit annimmt und Katharina warnt. In dieser Nacht schrickt Großmutter auf: Der verstorbene Hirte hat sie geweckt und gerufen. Sie weiß nun, dass sie bald sterben wird und verdingt Katharina an die „Deikin", die Witwe des Händlers Deik, die in der „Stadt" einen Laden mit „Kram" unterhält. Zu dieser Krämerin wird sie für Kost und Logis gebracht. Schnell gewinnt sie, zunehmend hübsch werdend, aufgrund ihres Fleißes und Übersicht das Vertrauen der „Deikin". Als deren Neffe Karl vom Militärdienst zurückkommt, schikaniert er Oma und Katharina und übernimmt langsam die Herrschaft im Haus. Einmal wettet er mit zwei Jungen, die beide in Katharina verliebt sind: In spätestens drei Monaten sei sie ihm zu Willen gewesen.

Diese Passagen schildern die geradezu entwürdigende Art des Umgangs mit Frauen, Hauspersonal besonders, zumal in einer bigotten und abergläubischen Gesellschaft. Als Katharina sich verweigert, wird sie verfolgt und gehetzt, sie wird dadurch überspannt und kann sich vor dem sie bedrohenden Mob nur durch Flucht zum Pastor retten, der sie versteht.

Der hat gerade einen ehemaligen Schüler zu Besuch, Baron und Leutnant, der die Szene entsetzt verfolgt und sich anbietet, für Katharina eine Anstellung bei seiner Schwester in Danzig zu besorgen. Katharina wird schließlich nach Danzig gebracht, lebt sich gut ein und erscheint allen als rechtschaffen. Ein der Baronin unsympathischer Gast, 40-jähriger Hauptmann, versucht Katharina zu verführen und traktiert sie, als er scheitert, wo er sie trifft. Sie ist wehrlos, wird zum Opfer von Nachrede und Verleumdung. Sie blüht nur auf, wenn der junge Leutnant, der sie aus Hela geholt hat, zu Hause wohnt, es ist erkennbar, dass sie ihn liebt. Der bekommt nun auch die Nachstellungen und Gemeinheiten mit, es entwickelt sich folgender kurzer Dialog, der den Kern des Buches ausmacht: „Wenn man dir zu nahe trat, warum sagtest du es nicht früher? rief er aus. – Gnädiger Herr, das hilft ja Nichts! erwiderte sie, indem sie die Augen niederschlug, das muss sich unser Einer ja gefallen lassen" (II , S. 182). Das Ende bahnt sich über 120 Seiten lang an: Der Baron wird von seinem Kompaniechef aufgefordert („Das thyrannische und gewaltige Recht der Gegenwart", II S. 246), Katharina aus dem Hause zu werfen, sie bringe nur Unglück und sei abergläubisch. Damit gibt der Oberst ziemlich genau Katharinas eigenes Lebensmotto wieder: „Ich bringe allen nur Unglück!". Jetzt gesteht sich der Baron selbst seine Liebe zu Katharina, wird in einem Duell, das er um ihre Ehre angenommen hat, später getötet. Katharina wird von der Schwester des Erschossenen des Hauses verwiesen, sie bietet ihr allerdings an, sie weit weg zu empfehlen.

Fanny Lewald hat mit diesem zweibändigen Roman eine flammende Anklage gegen Standesdenken und Ungerechtigkeit gerade den Unteren und insbeson-dere den Frauen gegen-über geschrieben. Es spielen viel mehr Perso-nen als hier geschildert eine wichtige Rolle: Jede Person hat eine unver-wechselbare eigene und nicht nur platte, schema-tische Individualität. Aus Sicht von Leser und Lese-rin empört die rück-sichtslose, völlig unem-pathische Behandlung des Obersten, des Haupt-

Abbildung 5: Fanny Lewald etwa 1846

manns und dessen Mutter genau wie die Macho-Al-lüren Karls. Es empört auch die Hilflosigkeit des Leut-nants, der sich in gesellschaftlicher Konvention ver-fangen seine Liebe nicht eingestehen kann, weil Ka-tharina „nicht von Stand" ist. Und es empört die be-schränkte Haltung der zwar gutmeinenden, aber in ihrem Dünkel gefesselten Baronin. Schade, dass ich nicht weiß, wie die Geschichte endgültig ausgeht: In meiner Ausgabe fehlt das letzte, offensichtlich aber nur einseitig bedruckte Blatt. Christian aus Kindertagen, mittlerweile Soldat in Danzig, trifft sie auf der Straße…

Fanny Lewald hat mit diesen Werken die soziale Frage gestellt: Wie gehen wir mit Frauen und Jüdinnen, mit Menschen, die sich nicht emanzipieren konnten, um? Wie ist eine mögliche Entwicklung?
Die Novelle „Vater und Sohn" von 1881 bringt schon eine Entwicklung. Der verwitwete Vater, vermögender Industrieller, bittet seinen einzigen Sohn, binnen eines Jahres zu heiraten, „um die Dinge zu regeln". Es wurde auch schon eine „Partie" ausgesucht, die überaus hübsche, kluge und lebenslustige Tochter eines adeligen Freundes. Der Sohn besucht sie auftragsgemäß, verliebt sich aber in ihre Erzieherin, eine etwa sieben Jahre ältere ebenfalls hübsche und ausnehmend kluge Frau. Sie lehnt seinen Antrag später ab. Währenddessen hatte sich Viola von Eisheim, die gute Partie, unsterblich in Willibald, den Industriellensohn, verliebt. Nun, weil beide unglücklich lieben, ziehen sie möglichst weit von einander weg, treffen sich aber nach einigen Monaten zufällig wieder, erkennen doch ihre Liebe zu einander und verloben sich. Der Vater nun lernt „das Fräulein Wald", die Erzieherin, näher kennen und bittet um ihre Hand. So fügt sich das Schicksal.
Thema ist hier nicht die Liebesgeschichte über Bande, sondern die Auflösung der Standesschranken: Viola ist von Adel, ihre Familie erhebt keinerlei Widersprüche gegen die Heirat mit einem

Bürgerlichen, dessen Vater und Großvater sogar noch Handarbeiter waren. Lediglich eine entfernte Tante bulgarischen Adels mahnt dies als Fehler an: Die Ferne als Metapher. Und gleichzeitig verheiratet sich ein extrem reicher Industrieller mit einer Gouvernante, die durchaus noch Kinder bekommen kann, es also vielleicht auf ein Erbe abgesehen haben könnte. In diesem Spätwerk spielen Standesunterschiede keine Rolle mehr, hier darf die Liebe frei schalten und wählen.

Richtig abzurechnen mit der katholischen Kirche wagt sich Fanny Lewald in ihrem Roman „Benedikt" von 1874 (mir liegt die nicht veränderte zweite Auflage von 1883 in einem Band, sonst zwei, vor). Zur Vorgeschichte gehört die Erzählung über eine Familie in einem abgeschiedenen Schweizer Tal, in dem eine energische Frau an Stelle ihres verstorbenen Mannes einen Hof gründet und ein Haus baut, das mit einer Widmung „in alterthümlicher Schrift" gewidmet war:

„Auf Gott vertraut und aufgebaut mit eigner Kraft
Von Maria Josepha Anschaft
Für sich und ihre Nachkommenschaft
Anno Domini 1679" (S. 5).

Die Hauptgeschichte spielt knapp zweihundert Jahre später. Die Nachkommen Maria Josephas arbeiten fleißig, die Familie hat sich verzweigt, übrig sind jetzt Cousin, Maurus, und Cousine, Jakobäa, die auch heiraten sollen, um das Erbe nicht teilen zu müssen. Sie liebt ihn wohl auch schon lange, er erwidert diese Liebe aber nicht und will sich lieber in der Schweizer Garde des Papstes für einige Jahre verdingen. Die Gegend ist erzkatholisch, das Tal wird von einem großen Kloster der Benediktiner beherrscht, so dass Maurus Wunsch allseits begrüßt wird. Unterwegs lernt er allerdings einen Trupp Italiener kennen, der von Genua aus nach Algerien will, um sich der Fremdenlegion anzuschließen. Fanny Lewald muss sich gut informiert haben, denn die 1831 gegründete Fremdenlegion warb in der Mitte des 19. Jahrhunderts vermehrt in Italien und der Schweiz. Von da ab verläuft sich Maurus Spur vorerst.

Jakobäa bleibt unverheiratet und leitet ihr Haus gewinnbringend und freundlich. Ob sie wartet oder als reichste Frau im Ort niemanden findet, der ihr ebenbürtig ist, bleibt offen. Nach Jahren allerdings meldet sich Maurus plötzlich wieder zu Hause, als Offizier (hier liegt ein Fehler vor: in den ersten Jahrzehnten gab es ein ausschließlich französisches Offizierkorps in der Fremdenlegion) kommt er nach Hause und heiratet nun doch Jakobäa. Sie bekommen zwei Töchter, allerdings wird Maurus völlig wesensverändert, der genauen Schilderung nach handelt es sich offensichtlich um ein zur Zeit der Niederschrift überhaupt nicht bekanntes posttraumatisches Belastungssyndrom. Fanny Lewald hat sehr genau beobachtet.

Eines Tages kommen der *Ammann* und der Pfarrer ins Haus und führen sehr lange Gespräche. Am Abend verlässt Maurus sein Haus, Jakobäa ist völlig verstört. Es stellt sich heraus, Maurus hatte in Algerien eine Frau und Kinder, er lebe hier nun in gesetzloser Zweitehe, seine Kinder seien in Sünde gezeugt und als unehelich zu betrachten. Maurus hat die Chance, sofort das Haus zu verlassen und abzureisen, er dürfe sich nicht mehr von seinen Kindern verabschieden und müsse sofort verschwinden, die Nacht müsse er im Kloster verbringen und am nächsten Tag ohne Hoffnung auf Wiederkehr fortgehen. Wenn das erfüllt sei, werde ihm nicht der Prozess wegen Bigamie gemacht.

Maurus verschwindet und lässt eine völlig konsternierte Jakobäa zurück. Ihr wird als Buße für ihre Sünde, in Unzucht Kinder empfangen und geboren zu haben, auferlegt, diese Kinder später zur Klosterschule zu schicken und dann zu Nonnen erziehen zu lassen. Um das dann ja erbenlose Haus mit riesigen Grundstücken würde sich das Kloster kümmern. Die Schuld Jakobäas wird von der Kirche festgesetzt, schüchterne Hinweise, Maurus werde in Algerien ja wohl kaum eine Frau nach Schweizer Recht gehabt haben, sondern eher mit einem Soldatenliebchen extragam zusammengelebt haben, es sei also mitnichten eine Bigamie, werden vom Tisch gefegt. Auch dass der Staat in Person des *Ammanns* sich gar nicht um diesen Gesetzesbruch kümmert, verweist auf die klösterliche Intrige. Erkennbar ist, dass die Kirche das Grundstück will. Kurze Zeit danach erkennt Jakobäa, dass sie erneut schwanger ist, und glaubt, dieses Neugeborene gehöre nicht zum Vertrag, ihre Kinder

der Kirche auszuliefern, denn es sei ja nach der Unterzeichnung geboren. Da machen ihr die Patres aber einen Strich durch die Rechnung und verlangen den am Namenstag des Gründers ihres Klosters geborenen und deshalb Benedikt getauften Jungen ebenfalls in ihre Obhut. Nach der Schulzeit wird er widerstrebend ins Kloster gebracht, sofort vom ehrwürdigen Abt empfangen und dort regelrecht erpresst: Er sei ein Bankert, der außerhalb des Klosters keine Chance haben werde, nur wenn er sich hier in absolutem Ordensgehorsam unterordne, könne er ein sinnvolles Leben führen. Als Buße für seine Zeugung in Sünde wird ihm auferlegt, täglich für das Seelenheil von Mutter und Schwestern zu beten, womit natürlich seine Abhängigkeit perpetuiert wird.

Benedikt fügt sich, studiert im Kloster, zieht später die Zöglinge auf und hat besonders viel Freude an Musik. In dieser Zeit beginnt eine ebenfalls resolute Frau ihr Haus für die ersten Feriengäste vorzubereiten. Zu diesen gehört eine Baronin mit sehr großem Geleit, u.a. ihre wunderschöne, kluge, zugleich aber selbstverliebte Tochter, ebenfalls eine begnadete Sängerin und Zeichnerin. Benedikt und sie lernen sich über die Musik kennen, er verliebt sich gnadenlos in sie, die unwissend mit ihm ein Spiel treibt. Es kommt zu der geplanten Verlobung zwischen ihr und einem Grafen Stefano, Oberst in der Garde des Papstes. Benedikt hält diese Situation nicht aus, im Kloster merkt er nur, wie sehr ihn der Abt unter Druck setzt, endlich die Schenkungsurkunde seiner Mutter für Haus und Liegenschaften zu besorgen.

Benedikt stürzt sich voller Verzweiflung von einem Bergrücken in den Tod.

Fanny Lewald lässt nicht in einem Satz einen Zweifel, wer Schuld hat an der menschlichen Katastrophe: Zu einem geringen Anteil Viktorine, die selbstsüchtige Tochter, nett, wunderschön, aber völlig unempathisch, die sogar erklärt, Freude daran zu haben, wenn sich Männer in sie verliebten. Viktorine bemerkt dies sogar selbst: „So will ich es Ihnen nur gestehen: ich erkenne im Grunde in der Welt nichts an als nur mich selbst. Ich und mein Vergnügen, ich und mein Zeitvertreib und mein Behagen sind, wenn ich’s recht bedenke, mein alleiniger Grund, mein einziges Ziel“ (S. 97). Sie hat nicht bemerkt, wie sehr Benedikt in sie verliebt ist, dass er sogar über Flucht aus dem Kloster nachdachte. Zum Hauptteil aber macht sie die Gier der Kirche, hier in Person des Benediktiner-Abtes für den Selbstmord schuldig, der Benedikt in unzumutbarer Loyalitätskonflikte stürzte, indem er immer drängender die Schenkungsurkunde für das Gehöft der Familie forderte. Als Jakobäa ver-

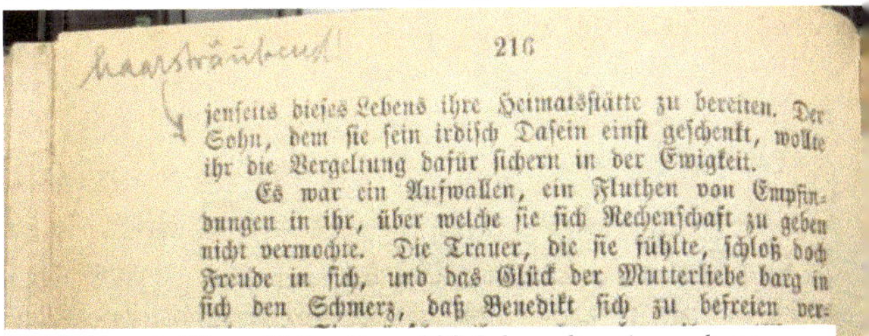
216

jenseits dieses Lebens ihre Heimatsstätte zu bereiten. Der Sohn, dem sie sein irdisch Dasein einst geschenkt, wollte ihr die Vergeltung dafür sichern in der Ewigkeit.

Es war ein Aufwallen, ein Fluthen von Empfindungen in ihr, über welche sie sich Rechenschaft zu geben nicht vermochte. Die Trauer, die sie fühlte, schloß doch Freude in sich, und das Glück der Mutterliebe barg in sich den Schmerz, daß Benedikt sich zu befreien ver-

Abbildung 6. "Benedikt" mit ev. 100 Jahre alter Anmerkung

zweifelte, weil nach ihren Töchtern nun auch ihr Sohn von der Kirche vereinnahmt wurde, „sprach der Pater ihr ruhig und zur Ergebung mahnend zu. Er erinnerte sie daran, daß sie freiwillig und von ihres Herzens Angst getrieben, ihre Nachkommenschaft dem Dienste des Herrn gewidmet habe" (S. 43). Und im Kloster zersetzt der Abt seine Seele mit Schuldgefühlen. Als Benedikt sich von seiner Mutter verabschiedet, schreit die verzweifelte Seele noch einmal auf: „In die Welt hinaus? – Ich will nicht in die Welt hinaus. – Was soll ich in der Welt? Soll ich dem Vater dort begegnen, der Schimpf und Schande über uns gebracht hat! Ich bin geboren in Sünde und in Schande, darum muß ich hin, wo keines Menschen Aug' mich sieht. Am liebsten in das Wasser, wo es am tiefsten ist, oder gleich ins Grab!" (S. 52).

Etwas verwundert doch: Alle hier vorgestellten Romane haben das gleiche Zentralthema: Die Liebe zwischen Menschen. Und bei aller psychologisch genauen Beschreibung bleibt die Darstellung der Liebe erstaunlich flach. Sie wird in Sätzen vorgestellt, aber kaum lässt sich dieses allumfassende, jede Tätigkeit und jede Phase des Lebens ausfüllende Gefühl erahnen. Die Liebenden wirken in ihren Gefühlen frappant flach. Ludwig Geiger (1896) bemängelt dies ebenso: „Man empfängt den Eindruck, als wenn Fanny Lewald wirkliche Liebesleidenschaft nicht gekannt hat; daher kommt es auch, daß alle ihre Liebesgeschichten etwas frostig und gekünstelt erscheinen. Einen Liebesroman schreibt man mit dem Herzen, nicht aber mit dem Verstand und seiner philosophischen Kenntniß" (S. 334).

Einer der Vorbesitzer (dem Namenseintrag entnehme ich die männliche Form) meiner „Benedikt"-Ausgabe, markierte mit Bleistift eine Stelle als *haarsträubend*. Sonst allerdings fanden sich nur positive Bemerkungen von ihm.

„Wirkliche Liebesleidenschaft" erfuhr Fanny Lewald wohl wirklich erst später. „Meine Lebensgeschichte" endete mit dem Eintritt nach Italien. Und dort setzt „Römisches Tagebuch" (1927) ein. Es ist die Autobiographie der Jahre 1845 und 1846, als Fanny Lewald in Rom Adolf Stahr kennenlernte, einen auf zweijähriger Genesungsfahrt vom Schuldienst für diese Zeit befreiten *Abbildung 7: Adolf Stahr 1846 (Abb, aus: Römisches Tagebuch, S. 144)*

Lehrer und Publizisten. Sie kamen sich näher am Neujahr 1846, als die Verlobung einer Freundin im kleinen Kreis der deutschen Kolonie, zu der

„Professor Stahr" gehörte, gefeiert wurde. Man umarmte und küsste sich, aber Fanny Lewald blieb alleine: „Niemand umarmte mich, niemand gab mir auch nur die Hand" (S. 91). Abends gehen alle auf eine Veranstaltung, Adolf Stahr bietet an, bei ihr zu bleiben. Da zündete der Funke; „Alles, was er sagte und wie er es sagte, hatte für mich einen fremdartigen Reiz" (S. 92 f.). Auch wenn „eine neue Erkrankung von Stahr" (S. 104) ihre Begegnungen im Januar unterbrach, sah man sich danach immer öfter. Und merkwürdig: Fanny Lewald verliert ein wenig ihre Selbstbestimmung. Der Lehrer „Professor" Adolf Stahr belehrt sie wie eine Schülerin. Beim Anblick zweier riesiger Skulpturen der Dioskuren erschauert Fanny Lewald vor der schieren Größe, lässt aber den Lehrer mit diskreten Hinweisen auf die Kenntnis ihrer Romane dozieren: „'Sehen Sie jetzt wohl, daß die beiden Dioskuren nicht zu groß sind, sondern daß Sie nur zu klein gewesen sind, ihre Größe im ganzen zu erfassen?' – Und mir die Hand auf die Schulter legend fügte er hinzu: 'Auf gut Glück, auf augenblickliches Empfinden aburteilen, das ist keine Kunst, das kann eine Gräfin Hahn-Hahn mit Meisterschaft. Aber vor dem, woran die größten Geister aller Zeiten sich begeistert haben, soll man nichts auf seinen augenblicklichen, subjektiven Eindruck geben, sondern zu verstehen suchen und zu lernen trachten'" (S. 105 f).

Vor so viel Bildung kapituliert Fanny Lewald und verliebt sich mit „wirklicher Leidenschaft" in Adolf Stahr. 60 Seiten später duzten sie sich im Verlauf des

Karnevals. Adolf Stahr musste früher abreisen, seine Dienstbefreiung lief aus, was Fanny Lewald erschauern ließ: „In jenen römischen Tagen aber, welche der Abreise des geliebten Mannes folgten, hatte ich es eigentlich nur mit mir allein zu tun, indeß war dies auch keine kleine Aufgabe" (S. 269).

Sie schreiben und besuchen sich später, 1854 lässt Stahr sich mit 49 Jahren pensionieren, lässt sich scheiden, zieht nach Berlin und arbeitet dort. 1855 heiraten Adolf Stahr und Fanny Lewald, die sich seitdem Lewald-Stahr nennt. Ihr Mann war weiterhin dauerkränkelnd und starb an einem bronchialen Infekt während einer Kur in Wiesbaden am 3.10. 1876. Ihre als glücklich geschilderte Ehe hatte 21 Jahre angehalten, beide schrieben Bücher und Essays, sie ergänzten sich schriftstellerisch und in der Öffentlichkeit kongenial. Der „Montagskreis", Fanny Lewalds Salon, war ein begehrter Treff von Künstlern und Politikern.

Freilich vergaß Fanny Lewald ihre Anfänge nicht. Sie setzte sich weiterhin unverdrossen für die Rechte der Frauen im Allgemeinen, insbesondere aber die der Arbeiterfrauen ein. Die „Osterbriefe für die Frauen" von 1863 sind ein beredtes Beispiel dafür, dort grenzt sie die Oberschichtenfrauen von den Arbeiterfrauen deutlich ab. Im zweiten Brief schreibt sie: „Ja freilich ist der Frauen Schicksal beklagenswerth – nur nicht das Ihre, meine Damen! sondern das Schicksal der hunderttausende von Frauen der Armen, der

Dienenden, der Arbeitenden. Das Schicksal derer, über die Sie klagen und sich beschweren!" (S. 20).

In den ersten Briefen listet Fanny Lewald die aktuellen Zustände auf, die nicht nur für die arbeitenden Männer, sondern besonders für ihre Frauen sehr hart waren. In den letzten Briefen stellt sie nun Forderungen auf, die einerseits Allgemeines wie Bildung für Frauen und Mädchen betreffen, andererseits Spezielles wie Herbergen für Mägde analog den Herberger für Wanderhandwerker. Eine moderne Liste, die insbesondere die innere Bereitschaft der Männer und der als Damen apostrophierten Frauen der Oberschicht betrifft, sich zu öffnen für das „Loos" der Frauen. Ihr Aufruf an die Frauen der Oberschicht könnte aus politischen Flugblättern stammen: „Thut euch also zusammen, Ihr Frauen und Mädchen, die Ihr ein Herz für das Elend Eurer Mitschwestern und Sinn für die Größe und Würde des Volkes habt, in dem Ihr geboren seid! Helft den Frauen der Armen, damit Euch geholfen werde! Schützt ihre Kinder, um die Euren zu bewahren. Tretet zusammen, Ihr die Ihr Zeit habt, welche Ihr oft genug nicht anzuwenden wißt, tretet zusammen, organisiert Euch, denn Organisation allein kann helfen" (S. 122 f).

In den letzten Jahren ihres Lebens, nach dem Tod ihres Mannes, war Fanny Lewald oft müde, sie scheute sich davor, ein größeres Werk zu beginnen, aus Angst, nicht fertig zu werden – und schaffte dennoch

noch die Romane Stella (3 Bände), Benedikt und Josias zu schreiben. Ein wirklich großes Pensum.

Während sie ihre Schwester Minna Susannen Minden in Dresden besuchte, erkrankte Fanny Lewald
und verstarb nach kurzer Krankheit am 5.8.1889 dort.
Ihr Leichnam wurde nach Wiesbaden gebracht, wo
sie an der Seite ihres Mannes beerdigt wurde.

Emanzipation als Aufgabe

Der moderne Staat entwickelte sich nach den Religi-
onskriegen des 17. Und beginnenden 18. Jahrhunderts. In dieser Zeit setzte sich eine Säkularisierung
benannte Denkhaltung durch, die, pauschal ausge-
drückt, Staat und Bürgerschaft nicht nach theokrati-
schen Gesichtspunkten ausrichtete, sondern nach
bürgerschaftlichen (die andere Form der Säkularisierung, die Überführung von Kirchengütern letztlich
zurück in weltliche, sei jetzt hier nicht erwähnt). In
der Neuzeit entwickelten sich später eigene Vorstellungen von Teilhabe, Machtausübung und Lebenssi-
tuation. Vor etwa fünfzig Jahren beherrschte eine
Auseinandersetzung die Philosophie: Ist die Säkularisierung und damit einhergehend der Fortschrittsge-
danke eine Folge der theologischen Grundlagen, also
deren „Gut", oder ist sie unabhängig vom jüdisch-
christlichen Entwicklungsgang entstanden? Den ersten Punkt verteidigt Karl Löwith, den zweiten Hans
Blumenberg.

Das klingt nach einer sinnfreien, typisch philosophischen Diskussion. Wenn wir uns aber die Entwicklung gerade Preußens ansehen, wo sogar noch Kaiser Wilhelm II im 20. Jahrhundert das „Gottesgnagdentum" des Adels verteidigte, hat die Herleitung des Fortschritts praktische Implikationen auf die Entwicklung der Bürgerrechte.

Fanny Lewald musste sich aus sehr vielen Bedingungen emanzipieren. Emanzipation ist vom Ursprung gedacht eine römische Rechtshandlung, indem der Sohn (nur der, nicht die Tochter) aus der väterlichen Gewalt entlassen wurde (*e*, aus, und *manus*, Hand, sind enthalten und von den vielen Bedeutungen von *capere* kann hier wohl nehmen am besten passen). Im „Etymologischen Wörterbuch des Deutschen" finden wir die Sinnbedeutung „Befreiung aus einer Vormundschaft".

Fanny Lewald hatte viele Emanzipationen zu erleben: Die einer Jüdin, einer Frau, einer unabhängig lebenden Schriftstellerin, einer Nichtadeligen als bürgerliche Emanzipation und letztlich auch die der Ehefrau eines geschiedenen Mannes.

Der politische Theoretiker Ernesto Laclau (1935-2014) entwickelte einen poststrukturalistischen Ansatz zur Emanzipationstheorie. In seiner Aufsatzsammlung „Emanzipation und Differenz" (dt. ergänzt um zwei im Original nicht enthaltene Aufsätze, 2002) beschreibt er gleich im ersten Artikel „Jenseits von

Emanzipation": „Ich verstehe ‚Emanzipation' - einen Begriff, der seit Jahrhunderten Teil unseres politischen Imaginären war und dessen Auflösung wir heute sehen - als um sechs distinkte Dimensionen herum organisiert" (S. 23). Die Beschreibungen dieser distinkten Dimensionen folgen, auch deren Abgrenzungen. Aber der Text lässt mich unendlich ratlos zurück, denn trotz aller Erklärungen gibt es im ganzen Buch nicht eine Definition: Was eigentlich bedeutet Emanzipation? Was beinhaltet sie? Hatte Fanny Lewald dies im Sinn, als sie schrieb, sie wolle sich *emancipieren*: „Es ist notwendig, dass eine emanzipierte Gesellschaft sich selbst gegenüber völlig transparent ist und dass zur selben Zeit diese Transparenz durch ihre Abgrenzung von essentieller Opazität konstruiert wird – mit dem Ergebnis, dass die Demarkationslinie nicht von der Seite der Transparenz her gedacht werden kann und dass Transparenz selbst opak wird" (S. 29). Ob Fanny Lewald diese offensichtlich semipermeable opak-transparente Demarkationslinie bei ihren Arbeiten zu berücksichtigen wusste? Es ist schade, dass Laclau keine Definition dessen liefert, was er unter Emanzipation versteht (obwohl er sonst penibel darauf achtet, exakte Positionen für Worte einzunehmen, so schreibt er z.B. immer von „kontroversiell", wo wir inferioren Normalbürger wohl „kontrovers" verstehen würden). Laclau endet diesen ersten Aufsatz mit der hoffnungsvoll stimmenden Aussage: „Vielleicht können wir sagen, dass wir heute am Ende der Emanzipation stehen und am Beginn der

Freiheit" (S. 44). Und vielleicht enthüllt das die fehlende Definition: *Emanzipation ist eine Bewegung hin auf mehr Freiheit*.

Die bürgerliche Emanzipation im 19. Jahrhundert verlief in Europa unterschiedlich. Einem gottgewollten Ständestaat wie in Deutschland stand die Rechtsordnung Frankreichs (und damit auch des linksrheinischen Deutschlands) spätestens mit dem *code civil* seit 1804 eine auf Gleichheit der Männer aufgebaute Gesellschaft gegenüber, in England und Schottland finden wir zugunsten wirtschaftlicher Interessen eine formelle Auflösung ständeähnlicher Strukturen. Moralphilosophen wie insbesondere Adam Smith (Theorie der ethischen Gefühle: 1759) agierten später als Wirtschaftsphilosophen (Der Wohlstand der Nationen: 1776) und ebneten zumindest für Besitzende eine auf formeller Gleichheit basierende Gesellschaft.

Dipper (2023) fasst prägnant die Entwicklung mit der Auflösung der Ständegesellschaft in Deutschland zusammen, die Koselleck auch als „Sattelzeit" bezeichnet[5]. Ab 1840 löste sich trotz aller fürstlicher Gegenwehr das Konstrukt der Gottgewolltheit zugunsten einer ständefreien Gesellschaft auf. Gerade in den Romanen von Fanny Lewald finden wir diese Auflösung als Hinweise einer langsamen Entwicklung dazu. Es ging dabei nicht nur um äußerliche

---

[5] Einen schönen Einblick in die Zusammenhänge zwischen Philosophie und Geschichtswissenschaft liest sich im Briefwechsel zwischen Hans Blumenberg und Reinhart Koselleck.

Emanzipation hinsichtlich von Gesetzen, die innere Verfassung musste ebenfalls bereit sein. Über tausend Jahre aus dem Mittelalter überlieferte Gedankenstrukturen lösen sich nicht plötzlich auf, weil es für die aufkeimende Industrie nützlicher ist, „freie" Arbeiter zur Verfügung zu haben. Erich Fromm hat dies in seiner Studie für diese Entwicklung beschrieben: Der Mensch „wird unabhängiger, er verlässt sich mehr auf sich selbst und wird kritischer; er wird andererseits auch einsamer und stärker von Angst erfüllt" (Fromm, S. 278). Eine Emanzipation aus dem Ständestaat ist demzufolge eher eine langsam-dynamische Entwicklung. Die Errungenschaften von Wahlen und anderen Partizipationsmechanismen werden erst nach und nach übernommen. Aus einem Untertanen wurde erst mit der Zeit ein Bürger, der selbstbewusst und nicht knechtisch seine Interessen wahrnehmen konnte. Es erforderte Selbstbewusstsein. Und die traurigen Worte von Katharina in „Mädchen von Hela": „Das muss sich unser Einer ja gefallen lassen" drücken diesen Wechsel noch aus.

Anders verlief die jüdische Emanzipation. Renée Wagener hat in seiner äußerst umfangreichen Untersuchung „Emanzipation und Antisemitismus" diese Entwicklung am Beispiel Luxemburgs akribisch herausgearbeitet. Aber auch für Preußen kann gefolgert werden: War es zu Beginn des 19. Jahrhunderts der Glaube, der eine Gruppe von Menschen aus vielen öffentlichen Bereichen ausschloss (Leiter von Bürokratien, Krankenhäusern und Militär durften nicht jüdischen Glaubens sein), so entwickelte sich in Zeiten des Wirtschaftsaufschwungs ein betont sachliches und liberales Verhältnis zu den jüdischen Mitbürgerinnen und Mitbürgern, das dann aber zum Ende des Jahrhunderts von einem heftigen Antisemitismus und gleichzeitig überbordendem Nationalismus abgelöst wurde. Der Berliner Antisemitismusstreit ist ein Zeichen dafür: Der preußische Staatshistoriker Treitschke nannte die Juden den Grund allen Übels. Die Entwicklung bis hin zur industriellen Vernichtung jüdischer Menschen ist bekannt. Sich hier zu emanzipieren konnte nicht gelingen, vielleicht war ein schmaler Zeitspalt der Liberalität die Mitte des 19. Jahrhunderts.

Allerdings gab es unverändert im privaten Recht noch bindende Fesseln. Im „Allgemeinen Preußischen Landrecht" von 1794, einer Art ‚Bürgerliches Gesetzbuch', wird in den §§ 136 und 137 die Eheschließung rechtsgültig an eine „priesterliche Trauung" gebunden (hierzu und zum folgenden: z.B. Lezzi, S. 164 ff). Wichtig ist weiter vorne der § 36 dabei, denn nach ihm kann grundsätzlich ein Christ keine Ehe mit jemandem schließen, dessen Religion es verwehrt, „sich den christlichen Ehegesetzen zu unterwerfen". Ein aufgeklärter Philosoph wie Kant hält eine gesetzliche Ehe für erforderlich. In der schon zitierten Schrift „Zur Metaphysik der Sitten" schreibt er: „Es ist nämlich, auch unter der Voraussetzung der Lust zum wechselseitigen Gebrauch ihrer Geschlechtseigenschaften, der Ehevertrag kein beliebiger, sondern durchs Gesetz der Menschheit notwendiger Vertrag" (Kant, S. 390). Anders als im ALR sieht er aber nicht das Zeugen von Kindern als Ehezweck, sondern Liebe, die er streng sachlich definiert: „Die Geschlechtsneigung wird auch Liebe (in der engsten Bedeutung des Wortes) genannt und ist in der Tat die größte Sinnenlust" (ibid., S. 559). Und sie differiert von Freundschaft: „Moralische Freundschaft (zum Unterschied von der ästhetischen) ist das völlige Vertrauen zweier Personen in wechselseitiger Eröffnung ihrer geheimen Urteile und Empfindungen" (S. 611). Hier gibt es also einen fulminanten Unterschied: Beide zur selben Zeit erschienenen Werke (ALR 1794, Metaphysik d. Sitten 1797) haben einen fundamental anderen Ansatz: Das Landrecht sieht einen Ehezweck, der durch Gesetz geregelt und durch Trauung vor einem Priester eine göttliche Weihe erhält, während die Aufklärer, für die Kant hier steht, zivile Ehen ohne einen definierten Ehezweck und ohne kirchlichen Segen fordern. Ehe ist demnach der „wechselseitige Gebrauch ihrer Geschlechtseigenschaften" der Ehepartner.

Einen eigenen Ehezweck gibt es im jüdischen Leben nicht. Zwar steht über der Ehe das nach der Sintflut an Noah und seine Familie ausgesprochene Gebot „Seid fruchtbar und mehret euch" (Gen., 9,7), die Ehe hatte im jüdischen Glauben aber nicht das Ziel der Kinderzeugung. Unter dem Hochzeitsbaldachin, der Chuppa, gelobt der Mann der Frau, sie zu ehren, für sie zu sorgen und ihr Lust zu schenken. Wurde eines der Versprechen, auch das der sexuellen Befriedigung, nicht eingehalten, war dieses ein Scheidungsgrund. Probleme gab es allerdings mit der Hochzeitsformel. Streng genommen war die Ehe ein Zivilvertrag und noch formal

er gesehen kaufte der Ehemann mit dem Ehevertrag, Ketubba, den er alleine zu unterzeichnen hatte, seine Frau den Schwiegereltern ab. Die religiöse Komponente findet sich in der Trauungsformel „Du sollst mir geweiht sein nach dem Gesetz Moses und Israels". Eine Mischehe war damit schwer zu erreichen. Zumal im orthodoxen Judentum diese Ehen biblisch begründet abgelehnt wurden. Im 5. Buch Mose wird das Mischehenverbot beschrieben: „Wenn dich der Herr, dein Gott, ins Land bringt, in das du kommen wirst, es einzunehmen, und er ausrottet viele Völker vor dir her, die Hetiter, Girgaschiter, Amoriter, Kanaaniter ... (es werden weitere auszurottende Völker aufgezählt) ... Du sollst keinen Bund mit ihnen schließen und keine Gnade gegen sie üben und sollst dich mit ihnen nicht verschwägern: eure Töchter sollt ihr nicht geben ihren Söhnen und ihre Töchter sollt ihr nicht nehmen für eure Söhne" (Dt., 7, 1-2). Im Buch des Propheten Esra wird eine Scheidung gefordert: „Ihr habt dem Herrn die Treue gebrochen, als ihr euch fremde Frauen genommen und so die Schuld Israels gemehrt habt. Bekennt sie nun dem Herrn, dem Gott eurer Väter, und tut seinen Willen und scheidet euch von den Völkern des Landes und von den fremden

Frauen" (Esra, 10, 10-11). Und damit wurden die Ehe-frauen und ihre Kinder in die Wüste gejagt.

Es gab also beiderseits Ehehindernisse, die eigentlich nur durch eine Konversion, in der Regel zum Christentum, behoben werden konnten. Gläubigen Christen und Juden war es schwer, eine gemeinsame Liebe in die Ehe münden zu lassen. Eine „Emanzipation der Herzen" war schwer zu bewerkstelligen und wurde erst 1894 mit der Ehe als zivilrechtliche Angelegenheit eher möglich.

Die Emanzipation von Juden verlief insbesondere in Preußen, nun ja: schleppend. Horst Fischer hat eine ins Detail gehende Studie „Judentum, Staat und Herr in Preußen im frühen 19. Jahrhundert" vorgelegt, in der er diesen Werdegang verfolgt.

Mit Konzessionen und Privilegien versehene, bereits ansässige Juden standen unter dem Schutz des 1750 erlassenen Generalprivilegs. Von Friedrich II wurden die Freiheitsrechte eingeschränkt, jüdische Eltern durften nur noch ein Kind „ansetzen" (!), um die „überhandnehmende Vermehrung der Juden" einzuschränken. Infolge der Schrift des Kriegsrats Christian Wilhelm Dohm von 1781, die die bisherige Judenpolitik aus utilitaristischer Sicht scharf angriff und weitgehende Aufhebung der Restriktionen verlangte, entwickelte sich eine Diskussion darüber, dass der Staat zu viele nützliche Bürger ausschloss. Dohm hatte wahrscheinlich nicht die Masse der Juden im Blick, sondern eher die Unternehmer und Großkaufleute, die sog. Hofjuden. Unabhängig davon wurden Assimilierungen immer häufiger. Nach den katastrophalen Niederlagen in den Schlachten von Jena und Austerlitz und dem Frieden von Tilsit 1807 setzte ein Umdenken ein, das schließlich im „Edikt vom 11. März 1812 betreffend die bürgerlichen Verhältnisse im preußischen Staate" mündete. Formell gab es nun eine Rechtsgleichheit, hier hatte sich die Emanzipation der Juden hin zu mehr Freiheit tatsächlich verwirklicht. Formell jedenfalls, denn Fanny Lewalds Vater konnte Mitglied es Königsberger Stadtrats werden. Natürlich lassen sich 1.800 Jahre Judenhetze nicht mit einem Edikt auslöschen, gerade die bürgerliche Mittelschicht hatte eine Menge von Vorbehalten. Das zeigt Fanny Lewald deutlich in den Schlussakkorden ihrer Jenny, als diese ihren Bräutigam eine Beleidigung eines Baron genannten Bekannten durch Duell begleichen will: „Ah, scherzen Sie nicht, ein Judenmädchen?, rief der Baron lachend. – Was fällt Ihnen daran auf?, fragte Walter herb und scharf. – Oh! Ihre Verhältnisse sind zu gut arrangiert, antwortete jener immer noch lachend, als dass Sie solche Heirat machen könnten." S. 276). Diese innere antijüdische Haltung herrscht auch heute noch oft vor, so dass sich sehr viel gar nicht geändert hat. Sie mündete im Berliner Antisemitismusstreit und dann in der industriellen Vernichtung jüdischer Menschen unter den Nazis.

Glücklicher verlief es mit der Emanzipation von Frauen. Fanny Lewald bemängelte noch, dass es für Männer eine Notwendigkeit sei, sich selbst und eine Familie durch Arbeit zu ernähren, so gelte dies für Frauen als eine Schande. Caroline Schulze z.B., von Goethe beklatschte und begeistert gefeierte Schauspielerin (er verfasste 1767 ein sie anbetendes Gedicht: *O du, die in dem Heiligtum // der Grazien verdient zu glänzen* usw. usf.) schrieb in der Zeit vor Goethes „Meister Wilhelm" ihre Memoiren, fand aber keinen Verleger oder wenigstens Förderer (Becker-Cantarino, S. 326 f.). Dies war das Los vieler Frauen, das sich aber zur Mitte des 19. Jahrhunderts besserte. Frauenarbeit wurde in bürgerlichen Kreisen akzeptiert, zumal wenn es sich um künstlerische handelte. Fanny Mendelssohn ist noch die Ausnahme, deren Vater ihr ja öffentliche Auftritte oder auch die Veröffentlichung ihrer Kompositionen verbot (ihr Bruder Felix übernahm nach dem Tod des Vaters diese restriktive Haltung). Dennoch wurden erstaunlich viele Frauen Künstlerinnen, entweder sie schrieben (eine hier nicht aufzählbare Menge guter Schriftstellerinnen erprobte sich, sogar die Romane der arg geschmähten Ida Gräfin Hahn-Hahn sind von Reiz), sie malten oder sie musizierten. Viele Frauen konnten selbstständig werden und ihr Leben ohne männliche Vorherrschaft selbst regeln.

In ihren 14 Briefen „Für und wider Frauen" sieht Fanny Lewald es optimistisch, „denn die völlige Emancipation der Frauen ist nur noch eine Zeitfrage"

(13. Brief, S. 132). Im 2. Brief klingt es noch ungeduldiger: „Es lag und liegt hier in Bezug auf die Behandlung der Frauen eine ganz schreiende Ungerechtigkeit vor, nämlich die Beschränkung des freien Gebrauchs der angeborenen Fähigkeiten zur eigenen Förderung" (Hervorhebung durch FL, S. 13). Im Laufe der etwa sechs Jahre, die diese Briefe trennen, muss sich also bei ihr ein positiveres Empfinden entwickelt haben. Jutta Dick und Barbara Hahn haben ein interessantes Buch herausgegeben (das auch Stellungnahmen zu Fanny Lewald enthält): „Von einer Welt in die andere. Jüdinnen im 19. und 20. Jahrhundert". Hier erleben wir in biografischen, aber auch autobiografischen Skizzen die Entwicklung des Selbstbewusstseins von Jüdinnen.

Für Fanny Lewald war die „Emancipation der Frauen" untrennbar mit finanzieller Selbstständigkeit, also eigenem Erwerb verbunden, die „Emancipation zu ernster Arbeit" (s.o. S. 65).

Eine rechtliche Emanzipation war allerdings noch in sehr weiter Ferne (wie oben angeführt: In Frankreich erhielten Frauen erst 1944 das Wahlrecht, unvorstellbarer Weise die Schweizer Frauen sogar erst zum 16.3.1971), gleiche Bezahlung für gleiche Arbeit ist noch heute ein Desiderat, die eheliche Vergewaltigung wurde erst 1997 strafbar[6]. Dennoch: Emanzipation als Weg zu Freiheit ist auf dem Vormarsch.

---

[6] 138 Abgeordnete stimmten dagegen, u.a. Friedrich Merz. Nicht aus dem Bundestags-Protokoll geht hervor, weshalb.

Sexuelle Emanzipation hat gerade in Preußen lange auf sich warten lassen. Es hatte sich immer noch das gedankliche Modell des Allgemeinen Landrechts gehalten, das in einer Ehe ausschließlich den Zweck der Kinderzeugung sah. Vivien Bianca Rüffieux stellt in ihrer Analyse „Ehe, Familie und Emanzipation – Erfolgsromane von Frauen zwischen 1850 und 1900" eine *plot-strukturelle* Untersuchung vor, in der sie drei Typen von Roman-Grundstrukturen unterscheidet. Bei der untersuchten Literatur ist die Liebesheirat das eigentliche *telos*, also das Ziel des Ablaufs. Damit muss also diese Form der Ehe bereits in der Mitte des 18. Jahrhunderts verbreitet gewesen sein. Die Darstellung von Intimitäten wird aber nirgendwo genauer thematisiert, manche Hinweise auf den Beginn und den Ablauf der Hochzeitsnacht werden mit „...." oder einem völligen Verschweigen der Situation berichtet. Werden Geburten erwähnt, so werden auch diese unter wohlwollendem Auslassen der Abläufe geschildert: Die Hochschwangere betritt das Gebärzimmer, wird gebettet, man redet ihr gut zu und kurz darauf wird ihr „ein Kind in den Arm gelegt". Unter diesen Bedingungen könnten vermutlich sogar einige Männer Kinder zur Welt bringen.

Auch Fanny Lewald, die übrigens in diese Analyse nicht einbezogen wurde, weil sie unter die Ausschlusskriterien fiel (Erstveröffentlichungen ab 1850), ist da keine Ausnahme, „Stellen" wird man ihr nicht finden. In ihrem Reader stellen Bagel-Bohlan und Salewski die ausschließlich zeugungszentrierte

Sexualität als herrschende Moral vor. Natürlich gab es auch andere Formen der Sexualität, Promiskuität galt als Männervorrecht (dass die Schwester des Kaisers ihre Gäste im Jagdschloss Grunewald, dem Swingerclub für den Hochadel, so gut wie nackt empfing, war allerdings standesuntypisch, es lässt sich annehmen, dass es sich hierbei nicht um die offizielle Hofkleiderordnung handelte), wobei insbesondere Skandale um Homosexualität dem kaiserlichen Hofe Probleme bereitete (s.o.). Zärtlichkeit drückt sich in den Romanen des 19. Jahrhunderts durch sehnsüchtige Blicke in tiefe Augen, per Postillon versandte Gedichte, schmelzende Gedanken an ferne Geliebte, auch mal durch eine Umarmung, im allerexzessivsten Fall auch ein Drücken an die Brust aus – mit dieser Schilderung allerdings glitt die jeweilige Autorin schon gefährlich in die Nähe der Pornografie. Es blieb in der Schilderung der Paarbeziehung also viel offen, sehr viel blieben Fantasie und eigener Erfahrung überlassen.

Zum Ende des Jahrhunderts betrat mit Sigmund Freud andererseits auch jemand die Bühne, der sich gerade deswegen um die Erforschung der Sexualität kümmerte, weil er sie in der unterdrückten Form als Antrieb („sublimierte Triebe") zu kulturellen-wissenschaftlichen Leistungen oder Ursache schwerer Störungen erkannte.

Fanny Lewald hat sich Zeit ihres Lebens für Freiheit der Frauen und auch für ihre persönliche *Emancipation* stark gemacht. Ihre Bücher sollten wieder aufgelegt werden.

Literatur

Abulafia, David: Das Mittelmeer. Frankfurt: 2013², S. Fischer (Orig.: London: 2011, Lane)

Bachleitner, Norbert: Kleine Geschichte des deutschen Feuilletonromans. Tübingen: 1999, Narr

Bagel-Bohlan, Anita; Michael Salewski (Hg.): Sexualmoral und Zeitgeist im 19. und 20. Jahrhundert. Wiesbaden: 1990, VS

Bartels, Adolf: Geschichte der deutschen Literatur. 2 Bände, Leipzig: 1901, Avenarius

Bayertz, Kurt; Myriam **Gerhard**; Walter **Jaeschke** (Hg.): Weltanschauung, Philosophie und Naturwissenschaft im 19. Jahrhundert. 3 Bände. Hamburg: 2007, Meiner

Beard, Mary: Frauen und Macht. Frankfurt/Main: 2021⁴, Fischer (Orig.: London: 2017, Profile)

Becker-Cantarino, Der lange Weg zur Mündigkeit. Frau und Literatur 1500-1800. Stuttgart: 1980, Metzler

Becker-Schmidt, Regina; Gudrun-Axeli **Knapp**: Feministische Theorien. Hamburg: 2000, Junius

Bendikowski, Tillmann: Der Mythos von der deutschen Einheit. München: 2020, Bertelsmann

Blumenberg, Hans. Die Legitimität der Neuzeit. Erweiterte Neuasugabe. Frankfurt/Main: 1988, Suhrkamp

Blumenberg, Hans; Reinhart **Koselleck**: Briefwechsel. Berlin: 2023, Suhrkamp

Bock, Gisela: Frauen in der europäischen Geschichte. Vom Mittelalter bis zur Gegenwart. München: 2005², Beck

Boehlich, Walter (Hg.): Der Berliner Antisemitismusstreit. Frankfurt: 2016², Insel

Borchmeyer, Dieter: Was ist Deutsch? Die Suche einer Nation nach sich selbst. Berlin: 2017², Rowohlt Berlin

Brinkler-Gabler, Gisela: Deutsche Dichterinnen vom 16. Jahrhundert bis heute. Neuausgabe München: 2020, Anaconda

Brinkler-Gabler, Gisela; Karola **Ludwig**; Angela **Wölfen**: Lexikon deutschsprachiger Schriftstellerinnen 1800-1945. München: 1986, dtv

Bruls, Willem: Venedig und die Oper. Leipzig: 2021, Henschel

(Buchholz, Fiedrich= Der neue Leviathan): Untersuchungen über den Geburtsadel und die Möglichkeit seiner Fortdauer im neunzehnten Jahrhundert. Berlin und Leipzig: 1807, o. Verl.

Büchter-Römer, Ute: Fanny Mendelssohn-Hensel. Reinbek: 2023[5], Rowohlt

Clark, Christopher: Preußen. Stuttgart: 2007, DVA (Orig.: London: 2006, Lane)

--: Wilhelm II. Stuttgart: 2009[9], DVA (Orig.: 2000, Pearson)

--: Die Schlafwandler. Wie Europa in den Ersten Weltkrieg zog. Stuttgart: 2013[9], DVA (Orig.: London: 2012, Lane)

--: Frühling der Revolution. Stuttgart: 2023, DVA (Orig.: London: 2023, Lane)

Craig, Gordon: Deutsche Geschichte 1866-1945. München: 1996[5], Beck (Orig.: Oxford: 1978, OUP)

Dipper, Christof: Die Entdeckung der Gesellschaft. Sattelzeit in Europa 1770-1850. Berlin: 2023, Vergangenheits-Verlag

Engel, Eduard: Geschichte der deutschen Literatur. 2 Bände. Wien Leipzig: 1919, Kempsky & Freytag

Evans, Richard J.: Das europäische Jahrhundert. München: 2020[2], Pantheon (Orig.: London: 2016, Lane)

Fahrenhorst, Eberhard: Das neunzehnte Jahrhundert. Beharrung und Auflösung. Hildesheim: 1983, Olms

Fichte, Johann Gottlieb: Reden an die deutsche Nation. Hamburg: 2008, Meiner

--: Sämtliche Werke III. Reprint 2018.

Fischer, Horst: Judentum, Staat und Heer in Preußen. Tübingen: 1968, J.C.B. Mohr (Paul Siebeck)

Frevert, Ute: Frauen-Geschichte. Frankfurt/M.: 1986, Suhrkamp

--: Mann und Weib, und Weib und Mann. München: 1995, Beck

Fromm, Erich: Die Furcht vor der Freiheit [1941]. In: Gesamtausgabe, Band 1, S. 215-392, Stuttgart: 1980, DVA

Gay, Peter: Erziehung der Sinne. München: 1987, Beck (Orig: Oxford: 1984, OUP)

--: Die zarte Leidenschaft. Liebe im bürgerlichen Zeitalter. München: 1987, Beck (Orig.: Oxford: 1986, OUP)

Geiger, Ludwig: Dichter und Frauen. Berlin: 1896, Paetel

Genette, Gérard: Die Erzählung. Paderborn: 2010³, Fink

Göpfert, Herbert G.; Gerard **Kozielek**; Reinhard **Wittmann** (Hg.): Buch- und Verlagswesen im 18. und 19. Jahrhundert. Berlin: 1977: Camen

de Gouges, Olympe: Die Rechte der Frau und andere Texte. Ditzingen: 2018⁵, Reclam

Hahn-Hahn, Ida: Faustine. Orig. 1841. Neu herausgegeben und kommentiert von Arthur Schurig, Berlin: 1919, Bredow.

--: Clelia Conti. Berlin: 1846, Duncker

Hensel, Paul: Die Familie Mendelssohn 1729 bis 1847- Nach Briefen und Tagebüchern. 2 Bände, Berlin: 1911, Reimer

Heyden-Rünsch, Verena von der: Europäische Salons. München: 1992, Artemis & Winkler

Hobsbawm, Eric: Das lange 19. Jahrhundert, 3 Bände. Darmstadt: 2022², WBG (Orig.: London: 1962, Weidenfalls and Nicolson)

Hoffmann, Freia: Instrument und Körper. Die musizierende Frau in der bürgerlichen Kultur. Frankfurt: 1991, Insel

Honegger, Claudia: Die Ordnung der Geschlechter. Die Wissenschaft vom Menschen und das Weib. Frankfurt/M: 1991, Campus

Jacobs, Wilhelm G.: Johann Gottlieb Fichte. Eine Einführung. Berlin: 2014, Suhrkamp.

Jäger, Georg: Geschichte des deutschen Buchhandels im 19. und 20. Jahrhundert. 5 Bände. Frankfurt: 2001, Buchhändler-Vereinigung

Jahnke, Wolfgang: Johann Gottlieb Fichte. In: Margot **Fleischer**, Jochen **Hennigfeld**: Philosophen des 19. Jahrhunderts. Darmstadt: 2004², WBG, S. 35-55

Jungblut, Peter: Famose Kerle. Eulenburg - Eine wilhelminische Affäre. Hamburg: 2003, MännerSchwarmSkript

Kant, Immanuel: Werke in 6 Bänden. Hgg. v. W. Weischedel („Weischedel-Ausgabe"), Darmstadt: 2016⁸, WBG

Kleinbeck, Johannes: Geschichte der Zärtlichkeit. Berlin: 2023, Matthes & Seitz

Kocka, Jürgen: Kampf um die Moderne. Das lange 19. Jahrhundert in Deutschland. Stuttgart: 2022[2]. Klett-Cotta

--: Geschichte des Kapitalismus. München: 2024[4], Beck

Kocka, Jürgen; Ute **Frevert** (Hg.): Bürgertum im 19. Jahrhundert. 3 Bände. München: dtv, 1988

Koselleck, Reinhart: Vergangene Zukunft. Berlin: 2022[12] (1989), Suhrkamp

--: Zeitgeschichten. Berlin: 2021[6] (2003), Suhrkamp

Köster, Udo: Literatur im sozialen Prozess des langen 19. Jahrhunderts. Frankfurt: 2015, Peter Lang

Kreyßig, Friedrich Alexander Theodor: Vorlesungen über den deutschen Roman der Gegenwart. Berlin: 1871, Nicolai

Kühn, Manfred: Johann Gottlieb Fichte. Ein deutscher Philosoph. München: 2012, Beck

Laclau, Ernesto: Emanzipation und Differenz. Wien: 2002, Turia + Kant

Langer, Ulrich: Heinrich von Treitschke. Politische Biographie eines deutschen Nationalisten. Düsseldorf: 1998, Droste

Lezzi, Eva: „Liebe ist meine Religion!" Eros und Ehe zwischen Juden und Christen in der Literatur des 19. Jahrhunderts. Göttingen: 2013, Wallstein

Löwith, Karl: Weltgeschichte und Heilsgeschehen. In: Sämtliche Schriften Band 2, S. 7-279. Stuttgart: 1983, Metzeler

Mannheim, Karl: Ideologie und Utopie. Frankfurt/Main: 1952[2], Schulte-Bulmke

--: Konservativismus. Berlin: 2014[3], Suhrkamp

Manthey, Jürgen: Königsberg. Geschichte einer Weltbürgerrepublik. München: 2005, Hanser

Marci-Boehncke, Gudrun: Fanny Lewald: Jüdin, Preußin, Schriftstellerin. Stuttgart: 1998, Akademischer Verlag

Martínez, Matías: Einführung in die Erzähltheorie. München: 2019[11], Beck

Mendelssohn, Moses: Jerusalem oder: Über religiöse Macht und Judentum. (1783). Hamburg: 2010, Meiner

Moretti, Franco: Der Bourgeois. Berlin: 2014, Suhrkamp

Müller, Ulrike: Die klugen Frauen von Weimar. Frankfurt/Main: 2018[3], Insel

Nienhaus, Sarah Alice: Entscheidungen zählen. Autobiografische Archivierungspraktiken bei Fanny Lewald-Stahr, Paul Heyse und Arthur Schnitzler. Göttingen: 2022, Wallstein

Nipperdey, Thomas: Deutsche Geschichte 1800-1918, 3 Bände, München: 2013[4], Beck

Osterhammel, Jürgen: Die Verwandlung der Welt. Eine Geschichte des 19. Jahrhunderts. München: 2009[2], Beck

Panzer, Marita A.: Adele Spitzeder. Regensburg: 2023, Pustet

Pross, Harry: Literatur und Politik. Olten: 1963, Walter

Rheinberg, Brigitta van: Fanny Lewald. Geschichte einer Emanzipation. Frankfurt/Main: 1990, Campus

Rönicke, Katrin: Emanzipation. Ditzingen: 2018, Reclam

Rüffieux, Vivien Bianca: Ehe, Familie und Emanzipation. Erfolgsromane von Frauen zwischen 1850 und 1900. Würzburg: 2023, Könighausen und Neumann

Safranski, Rüdiger: Romantik. Eine deutsche Affäre. München: 2023[16], Hanser

Schacht, Ulla: Geschichte in der Geschichte. Die Darstellung jüdischen Lebens in Fanny Lewalds Roman „Jenny". Wiesbaden: 2001, Deutscher Universitäts-Verlag

Schivelbusch, Wolfgang: Gesichte der Eisenbahnreise. Zur Industrialisierung von Raum und Zeit im 19. Jahrhundert. Neuausgabe Berlin: 2023, Wagenbach (Orig.: München: 1977, Hanser)

Schloenbach, Arnold (Hg.): Die Roman- und Novellendichter der Neuzeit. 2. Teil. Bibliothek der deutschen Klassiker, Band 24. Hildburghausen: 1864, Bibliographisches Institut.

Schmidt, Erich; Bernhard **Suphan** (Hg): Xenien 1796. Nach den Handschriften des Goethe-und-Schiller-Archivs. Weimar: 1893, Verlag der Goethe-Gesellschaft

Schnabel, Franz: Deutsche Geschichte im neunzehnten Jahrhundert. Taschenbuchausgabe in 8 Bänden. Freiburg: 1964, Herder (textidentische Ausgabe in 4 wie vom Autor geplanten Bänden: München: 1987, dtv)

Schneider, Gabriele: Vom Zeitroman zum „stylisierten" Roman: Die Erzählerin Fanny Lewald. Frankfurt/Main: 1993, Peter Lang

--: Fanny Lewald. Reinbek: 1996, Rowohlt

Schöler, Leonie: Beklaute Frauen. München: 2024[7], Penguin

Schwarzer, Alice: Der „kleine Unterschied" und seine großen Folgen. Frankfurt/Main: 1975[4], Fischer

Simmel, Georg: Essays zur Kulturphilosophie. Hamburg: 2020, Meiner.

Simms, Brendan: Kampf um Vorherrschaft. Eine deutsche Geschichte Eurpoas 1453 bis heute. Stuttgart: 2014, DVA (Orig.: London: 2013, Lane)

Sørensen, Bengt Algot (Hg.): Geschichte der deutschen Literatur. 2 Bände. München: 2016[4] (1997), Beck

Spiel, Hilde: Fanny von Arnstein oder: Die Emanzipation. Frankfurt/Main: 1992[8] (1962) Fischer

Sprengel, Peter: Geschichte der deutschsprachigen Literatur 1830-1870. München: 2020, Beck

Sterling, Eleonore: Judenhass. Frankfurt: 1969[2], Europäische Verlagsanstalt. Vorwort 1955 von Carlo Schmid.

Sternberger, Dolf: Gerechtigkeit für das neunzehnte Jahrhundert (1975). Schriften VI, S. 115-178. Frankfurt: 1981, Insel

Stöver, Kriemhild: Leben und Wirken der Fanny Lewald. Oldenburg: 2004; Igel

Stroebe, Lilian Luise: Geschichte der deutschen Literatur. New York: 1913, Holt (Reprint o.J.)

Thiel, Angelika: Thema und Tabu. Körperbilder in deutschen Familienblättern von 1880-1900. Frankfurt: 1993, Lang

Tillard, Françoise: Die verkannte Schwester. München: 1994, Kindler (Orig.: Paris: 1992, Belfond)

Treitschke, Heinrich von: Ein Wort über unser Judenthum. Separatdruck aus den Preußischen Jahrbüchern 44. und 45. Band, 1880/1881. Bremen: 2008, Faksimile-Verlag

--: Historische und politische Aufsätze. 2 Bände. Leipzig: 1886[5], Hirzel

--: Deutsche Geschichte im 19. Jahrhundert. 5 Bände. Leipzig: 1918[10], Hirzel

--: Freiheit, Einheit, Völkergemeinschaft. Eine Auswahl aus Reden und Schriften: München Wien Zürich: 1953, Olten

Troeltsch, Ernst: Das neunzehnte Jahrhundert [1913]. In: Gesammelte Schriften, Band 4. Tübingen: 1925, Mohr (Siebeck)

Trumann, Andrea: Feministische Theorie. Stuttgart: 2019[7], Schmetterling

Vasold, Manfred. Rudolf Virchow. Der große Arzt und Politiker. Stuttgart: 1988, DVA

Venske, Regula: Ach Fanny! Vom jüdischen Mädchen zur preußischen Schriftstellerin. Berlin: 1988, Elefanten-Press

Wagener, Renée: Emanzipation und Antisemitismus. Berlin: 2022, Metropol

Wehler, Hans-Ulrich: Deutsche Gesellschaftsgeschichte 1700-1990, 5 Bände. München: 2008[5] (1987), Beck

Weissweiler, Eva: Fanny Mendelssohn. Ein Portrait in Briefen. Frankfurt: 1985, Ullstein

Whaley, Joachim: Das Heilige Römische Reich Deutsccher Nation 1493-1806, 3 Bände, Darmstadt: 2018[2], WBG

Winkler, Heinrich August: Geschichte des Westens. Von den Anfängen in der Antike bis zum 20. Jahrhundert. 4 Bände. München: 2009, Beck

--: Der lange Weg nach Westen. Deutsche Geschichte. 2 Bände. München: 2020[8] (2000), Beck

Wippermann, Wolfgang. Skandal im Jagdschloss Grunewald. Männlichkeit und Ehre im deutschen Kaiserreich. Darmstadt: 2010, WBG

Wittmann, Reinhard: Buchmarkt und Lektüre im 18. und 19. Jahrhundert. Tübingen: 1982, Niemeyer

--: Geschichte des deutschen Buchhandels. München: 2018[4] (1991), Beck

Wittmann, Reinhard und Bertold **Hack** (Hg.): Buchhandel und Literatur. Festschrift für Herbert G. Göppert. Wiesbaden: 1982, Harrassowitz

Ziegler, Edda: Buch-Frauen. Frauen in der Geschichte des deutschen Buchhandels. Göttingen: 2014, Wallstein

Literatur von Fanny Lewald

Von Fanny Lewald sind aktuell nur sehr wenige Neuausgaben erhältlich. 2023 hat der Reclam-Verlag ihren ersten, unter ihrem Namen veröffentlichten Roman „Jenny" von 1843 in einer schön gebundenen Auflage neu herausgegeben, dtv hatte 1996 eine Taschenbuchausgabe davon vorgestellt. Ulrike Helmer hatte sich auch zwischenzeitlich um Neuausgaben in ihrem Verlag verdient gemacht. Allerdings gibt es in den Antiquariaten noch sehr viele Exemplare ihrer Bücher, eine Folge ihres großen Erfolgs. Unter https://de.wikisource.org/wiki/Fanny_Lewald lassen sich für die haptisch Uninteressierten die Romane in digitaler Form nachlesen. Ich habe hier die mir zur Verfügung stehenden Erst- oder Zweitauflagen gelistet, wenn es keine aktuellen Editionen gibt. Das Erscheinungsjahr steht in Klammern, wenn ich einen Nachdruck benutzt habe.

Clementine. (1843), Berlin: 2015^4, Holzinger
Jenny. (1843), Ditzingen: 2023, Reclam
Diogena. (1847). Unter dem Pseudonym „Iduna Gräfin H.H.". Königstein: 1996, Helmer
Italienisches Bilderbuch. (1847). Frankfurt: 2000, Helmer
Liebesbriefe. Aus dem Leben eines Gefangenen. Braunschweig: 1850, Vieweg
Auf rother Erde. Roman von der Liebe in Zeiten der Revolution in Westfalen. (1850). Berlin: 2020, Hofenberg.

Erinnerungen aus dem Jahre 1848. Braunschweig: 1850, Vieweg. Eine gekürzte Ausgabe erschien später: Frankfurt/Main: 1969, Insel, Sammlung Insel Bd. 46. Hgg. von Dietrich Schaefer

Prinz Louis Ferdinand. Berlin: 1859, Hofmann & Comp.

Graf Joachim. Berlin: 1859, Janke

Schloss Tannenburg. Berlin: 1859, Janke

Der Seehof. Berlin: 1860, Janke

Das Mädchen von Hela. 2 Bände. Berlin: 1860, Janke

Der dritte Stand. In: Gesammelte Novellen. Berlin: 1862, Gerschel

Osterbriefe für die Frauen. Berlin: 1863, Janke

Wandlungen. 4 Bände. Berlin: 1864^2, Janke

Die Kammerjungfer. 2 Bände. Berlin: 1864, Janke

Erzählungen. 3 Bände. Berlin: 1866. Grole

Villa Riunione. Berlin: 1869, Janke

Nella. Eine Weihnachtsgeschichte. Berlin: 1870, Janke

Für und wider Frauen. 14 Briefe. Berlin: 1870, Janke

Von Geschlecht zu Geschlecht. 3 Bände. Berlin: 1871, Janke

Aus meinem Leben. (1860) 3 Bände. Berlin: 1871^2, Janke. Gekürzte Zusammenfassung: Frankfurt: 1980, Fischer Taschenbuchverlag, Hgg. von Gisela Brinker-Gabler

Ein Winter in Rom. Berlin: 1871, Guttentag

Eine Lebensfrage. Berlin: 1872, Janke

Vater und Sohn. Stuttgart: 1881, DVA

Stella. 3 Bände. Berlin: 1883, Janke

Benedikt. Berlin: 1883, Janke

Josias. Eine Geschichte aus alter Zeit. Leipzig: 1888, Ernst Keils Nachf.

Römisches Tagebuch. Leipzig: 1927, Klinkhardt & Biermann

Mein gnädigster Herr! Meine gütige Korrespondentin! Fanny Lewalds Briefwechsel mit Carl Alexander von Weimar. Weimar: 2000, Hermann Böhlau Nachf. Hiervon gibt es noch eine kürzere, dennoch zweibändige Ausgabe: Berlin: 1932, Mittler & Sohn

Postum hat Ludwig Geiger Schriften und Notizen herausgegeben, die Fanny Lewald über 50 Jahre hinweg aufgenommen hat. Den Titel hat sie noch selbst gefunden (unter mehreren

Durchstreichungen blieb einer übrig) und ansonsten gebeten, die Notizen nach ihrem Tod zu veröffentlichen. Ludwig Geiger (1848-1919) war ein liberaler jüdischer Literaturwissenschaftler, u.a. Autor eines die Frauen als Schriftstellerinnen widmenden Bandes: Dichter und Frauen, 1896 (s.o.).

Gefühltes und Gedachtes 1838-1888. Berlin: 1900, Minden

In gleicher Zielsetzung und Aufmachung:

CALIGULA – Von Macht und Ohnmacht.
2021, ISBN 9783755717324

HATSCHEPSUT – Von Liebe und Gleichgültigkeit
2021, ISBN 9783755716990

ANTONIO GRAMSCI – Von Hegemonie und Geist
2021, ISBN 9783754322611

JULIAN APOSTATA – Von Pflicht und Müßiggang
2022, ISBN 9783755799580

VENEDIG – Von Liberalität und Illiberalität
2022, ISBN 9783756224746

GIORDANO BRUNO – Das Böse der Mächtigen
2023, ISBN: 97837519379986

KAISER FRIEDRICH II – Vom Staunen
2024, ISBN 9783759730268